Yaacov Zinvirt

Tor zum Talmud

W0173433

Jüdisches Lehrhaus – lebendiges Judentum

herausgegeben von

Yaacov Zinvirt

Band 1

LIT

Yaacov Zinvirt

Tor zum Talmud

LIT

Gedruckt auf alterungsbeständigem Werkdruckpapier entsprechend
ANSI Z3948   DIN ISO 9706

Bibliografische Information der Deutschen Nationalbibliothek
Die Deutsche Nationalbibliothek verzeichnet diese Publikation in der
Deutschen Nationalbibliografie; detaillierte bibliografische Daten sind
im Internet über http://dnb.d-nb.de abrufbar.

ISBN 978-3-8258-1882-1

® LIT VERLAG Dr. W. Hopf Berlin 2009
Verlagskontakt:
Fresnostr. 2   D-48159 Münster
Tel. +49 (0) 2 51-620 32 22   Fax +49 (0) 2 51-922 60 99
e-Mail: lit@lit-verlag.de   http://www.lit-verlag.de

Auslieferung:
Deutschland: LIT Verlag Fresnostr. 2, D-48159 Münster
Tel. +49 (0) 2 51-620 32 22, Fax +49 (0) 2 51-922 60 99, e-Mail: vertrieb@lit-verlag.de

Österreich: Medienlogistik Pichler-ÖBZ GmbH & Co KG
IZ-NÖ, Süd, Straße 1, Objekt 34, A-2355 Wiener Neudorf
Tel. +43 (0) 22 36-63 53 52 90, Fax +43 (0) 22 36-63 53 52 43, e-Mail: mlo@medien-logistik.at

Schweiz: B + M Buch- und Medienvertriebs AG
Hochstr. 357, CH-8200 Schaffhausen
Tel. +41 (0) 52-643 54 85, Fax +41 (0) 52-643 54 35, e-Mail: order@buch-medien.ch

Gewidmet

Schoschana, Betty, Miriam, Benjamin, Sonja, Wolfgang, Bernd, Bilha und Elimelech

Im seligen Angedenken an:

Bezalel Jeschaajahu Zinvirt

Rachel und Rabbiner Jankev Zinvirt

Sarah und Rabbiner Josef Adler

Rabbiner Elimelech aus Lischansk

Margot, Fabjan- Feivel und Sohn Harry Bejlin

Salka, Chajim und Tochter Rivka Bejlin

Hanka- Chana und David Scharf

Gertrud und Dagobert Kurzweg

Herbert Kurzweg

Emil Kurzweg

Prof. Dr. med. James Abraham Israel

Rabbiner Ariye Ginzburg, der Autor des Buches Schaagat Ariye

Opfer des Holocaust:

Märtyrer Egon

Schejndl Lamm

Rabbiner Chajim Lamm, seine Frau und deren fünf Kinder

Frau Scharf und ihre vier Kinder

Betty Kurzweg, Sprachlehrerin Frieda Kurzweg, Notar Alfred Kurzweg sowie weitere 36 Mitglieder der Familie Kurzweg

Der Autor, Rabbiner Yaacov Zinvirt, 1962 in Jerusalem geboren, in siebter Generation in Israel ansässig, direkter Nachfahre von Rabbiner Elimelech aus Lischansk. Abitur, Studium der Religionswissenschaften in Israel, Rabbinerprüfung in Jerusalem. Rabbiner in Berlin, Mainz- Worms und Duisburg-Mülheim-Oberhausen sowie Dozent an der Universität Potsdam und Essen. Verfasser zahlreicher Schriften, u. a. Autor des Buches: *Feste Israels in Papierarbeiten*

Stammbaum des Autors

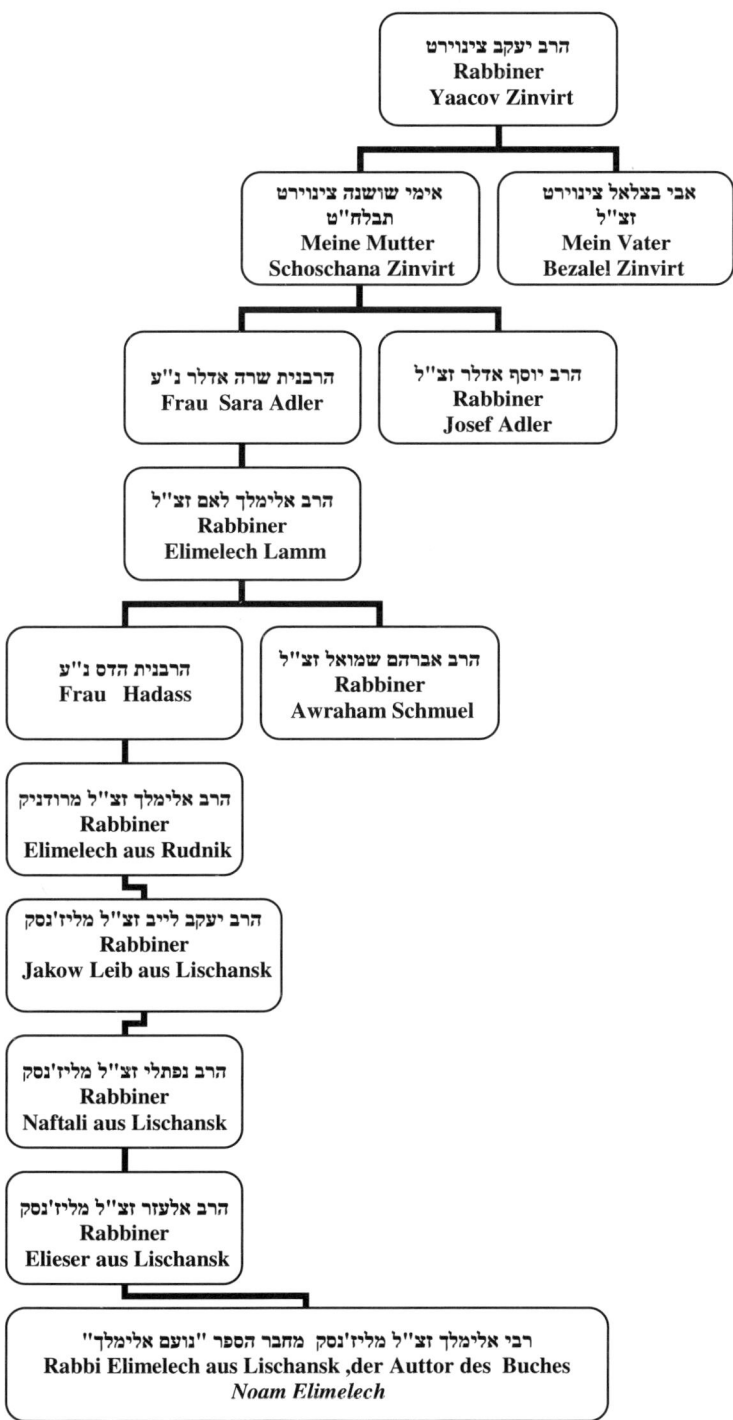

הרב יעקב צינוירט
**Rabbiner
Yaacov Zinvirt**

אימי שושנה צינוירט
תבלח"ט
**Meine Mutter
Schoschana Zinvirt**

אבי בצלאל צינוירט
זצ"ל
**Mein Vater
Bezalel Zinvirt**

הרבנית שרה אדלר נ"ע
Frau Sara Adler

הרב יוסף אדלר זצ"ל
**Rabbiner
Josef Adler**

הרב אלימלך לאם זצ"ל
**Rabbiner
Elimelech Lamm**

הרבנית הדס נ"ע
Frau   Hadass

הרב אברהם שמואל זצ"ל
**Rabbiner
Awraham Schmuel**

הרב אלימלך זצ"ל מרודניק
**Rabbiner
Elimelech aus Rudnik**

הרב יעקב לייב זצ"ל מליז'נסק
**Rabbiner
Jakow Leib aus Lischansk**

הרב נפתלי זצ"ל מליז'נסק
**Rabbiner
Naftali aus Lischansk**

הרב אלעזר זצ"ל מליז'נסק
**Rabbiner
Elieser aus Lischansk**

רבי אלימלך זצ"ל מליז'נסק מחבר הספר "נועם אלימלך"
Rabbi Elimelech aus Lischansk ,der Auttor des Buches
Noam Elimelech

An dieser Stelle möchte ich mich ganz herzlich bei den folgenden Sponsoren bedanken:

Evangelische Kirche im Rheinland

Gesellschaften für Christlich-jüdische Zusammenarbeit in Recklinghausen und im Westmünsterland

Schwartz- Ramis - Pforzheim

Bernd und Jutta Dreesmann- Zum Gedenken an unsere Mutter Odilia Laufer s. A., an unsere Freunde Lotte Roman s. A., Yaacov Bach s. A. und Gavriel Peled s. A. In Deutschland geboren, trugen maßgeblich zum Aufbau von Eretz Israel bei und ruhen in der Erde des Gelobten Landes.

Herrn Prof. i. R. Dr. Folkert Rickers, Evangelische Theologie/ Religionspädagogik, Universität Duisburg-Essen

Weiterhin gebührt mein Dank

Herrn Nathanael Riemer,

Koordinator des Institutes für Jüdische Studien sowie Mitarbeiter des Institutes für Religionswissenschaft an der Universität Potsdam für die Formulierungsfindung,

Frau Bettina S. Schwarz,

Dozentin für Biblische Archäologie und Hebräische Bibelwissenschaft der Universität Potsdam und am Abraham-Geiger-Kolleg, Berlin, für ihre Lektorarbeit,

Frau Betty Zinvirt,

Diplom- Chemikerin, wissenschaftliche Mitarbeiterin, TU- Berlin, für die Unterstützung bei der Lektorarbeit und Gestaltung.

Vorwort

Der Talmud ist eines der wichtigsten Werkzeuge, um die Tora zu verstehen.
Eines seiner Hauptziele ist es, sich mit den unterschiedlichen Situationen aus verschiedenen Bereichen wie z. B. Wirtschaft und Rechtswissenschaften, die sich im Laufe der Zeit verändern, auseinander zu setzten.

Das tiefgründige Verständnis der Gesetze der Tora, in denen die Wurzeln der Wahrheit liegen, bildet die Basis für Analysen und Richtlinien, um diese dann wiederum auf veränderte Situationen anzuwenden.

Die im Talmud geführten Diskussionen zeichnen sich durch vielfältige Meinungen aus. Betrachtungen aus verschiedenen Blickwinkeln lassen objektivere Entscheidungen zu. Ein grundlegendes Ziel bei der Talmuddiskussion ist es, die Unterschiede der Meinungen zu reduzieren, um einen gemeinsamen Nenner zu finden. Am Ende sind die Differenzen derart minimiert, dass sie nicht mehr schwerwiegend in die abschließende Beurteilung eingehen.

Der Talmud, dessen Leitmotiv es ist, Gemeinsamkeiten zu finden, ist ein Garant für eine friedliche Zukunft, er schafft eine Brücke zwischen den Menschen zu bauen und hilft, den Gegenüber zu verstehen.

4. Kislew 5769/ 1.12.2008   Yaacov Zinvirt

Inhalt

Die Mischna

Das Wort „Mischna" (משנה) entstammt der Wurzel „schana"
(שנה) „sagen, memorisieren" und bezeichnet im weiteren Sinne
„die mündliche Tradition, die durch ständiges Wiederholen immer wieder wiederholt und eingeprägt wird". Aus diesem Grund
wird auch die aramäische Bezeichnung „Matnitin" (מתניתין) oder
„Matnita" (מתניתא) verwendet. Das Wort ist von der Wurzel „tna"
(תנא, „sagen") abgeleitet und beschreibt ebenfalls den Vermitt-
lungsprozess der mündlichen Tradition durch Rezitieren und
Memorisieren. Zu Beginn des rabbinischen Judentums gab es in
den größeren Lehrhäusern Babyloniens und Israels einen „Tana"
(תנא, „Rezitator"), der als eine Art „leben-dige Bibliothek" einen
großen Teil der Mischna auswendig beherrscht hat und nach Auf-
forderung die gewünschte Texteinheit wiedergab. Eine weitere
Aufgabe bestand für ihn darin, den Schülern den Stoff durch
ständiges Rezitieren zu vermitteln – was eine sehr mechanische
Tätigkeit war. Als „Tannaim" (תנאים) werden aber auch die Gelehrten bezeichnet, die von Hillel und Schammai (um die Zeiten-
wende) bis zu Rabbi Jehuda ha-Nassi (Beginn des 3. Jh. n. Z.)
gelebt haben. Entsprechend wird diese Periode in der Regel als
die „tannaitische Zeit" bezeichnet.
Die Mischna umfasst die drei Bereiche der mündlichen Lehre,
nämlich Midrasch (מדרש), also die Auslegung zur Bibel, die Halacha (הלכה), das Religionsgesetz und die Aggada (אגדה), also das
gesamte Material, das nicht der Halacha zugerechnet wird. Im
engeren Sinn bezeichnet die Mischna jedoch die Sammlungen
von einzelnen Lehrsätzen, die die Tradition auf verschiedene Gelehrte zurückführt.
Als den Kompilator der Mischna identifiziert die rabbinische
Tradition R. Jehuda ha-Nassi (רבי יהודה הנשיא), der am Ende des
2. Jh. n. Z. lebte und oft auch nur kurz „Rabbi" (רבי) genannt
wird. R. Jehuda ha-Nassi lernte bei verschiedenen Autoritäten,
u. a. bei seinem Vater, R. Schimon, sowie bei den fünf Schülern
von R. Akiva: R. Meir, R. Jehuda bar Illai, R. Schimon bar Jo-
chai, R. Jossi bar Chalafta und R. Elasar ben Schamua.
Der immense Umfang der Mischna zeigt jedoch, dass R. Jehuda
ha-Nassi nicht als der alleinige „Autor" und Redaktor der

Mischna bezeichnet werden kann. Vielmehr haben zahlreiche Zeitgenossen und Gelehrte vor R. Jehuda ha-Nassi an dem Entstehungsprozess der Mischna mitgewirkt. Bereits während der Zeit des Zweiten Tempels hatte man in den Lehrhäusern Hillels und Schammais damit begonnen, das halachische Material nach verschiedenen Aspekten zu sortieren und die zentralen Aussagen der Halachot in einer knappen Sprache zusammenzufassen. Als infolge der Zerstörung des zentralen Heiligtums durch die Römer (70 n. Z.) zahlreiche Lehrhäuser entstanden und im Laufe der Generationen der Lehrstoff immer umfangreicher wurde, empfand man zunehmend die Notwendigkeit, die Tradition zu vereinheitlichen. Eine erste systematische Anordnung des gesamten halachischen Materials erfolgte unter R. Akiva und R. Meir.

R. Jehuda ha-Nassi, der vom „Beit ha-Waad" (בית הועד, Haus der Versammlung der Gelehrtenautoritäten einer Generation) die Erlaubnis für die Bearbeitung des Traditionsstoffes erhielt, konnte also bereits auf einige Vorarbeiten zurückgreifen. Sein Verdienst besteht darin, dass er die maßgeblichen Weisen seiner Zeit um sich versammelte und mit ihnen das vorhandene Material der verschiedenen Schulen so zusammenfasste, dass es als gemeinsame Grundlage für das Handeln, Denken und Argumentieren dienen konnte. In dem Bewusstsein, ein einheitliches Lehrbuch für spätere Generationen zu schaffen, konzentrierte sich das „Redaktionsteam" um R. Jehuda ha-Nassi auf die Ausarbeitung einer präzisen, kurzen Formelsprache und eine Auswahl des Materials, welches nach Themengebieten und anderen Aspekten geordnet wurde. Innerhalb des Redaktionsprozesses der Mischna kann R. Jehuda ha-Nassi also als der Protagonist angesehen werden, unter dessen Autorität die Mischna ihre endgültige Form und Struktur erhielt. Die Mischna wurde von den Gelehrten dieser Zeit als offizielle Lehre anerkannt und in allen Jeschivot (ישיבות) Israels und in ihren babylonischen Gegenstücken, den Metivtot (מתיבתות) tradiert. Die von der Mischna abweichenden Ansichten, die keinen Eingang in die Diskussionen gefunden hatten, wurden im Lauf der Zeit vergessen.

Die Generationen der bedeutendsten Tanaiten

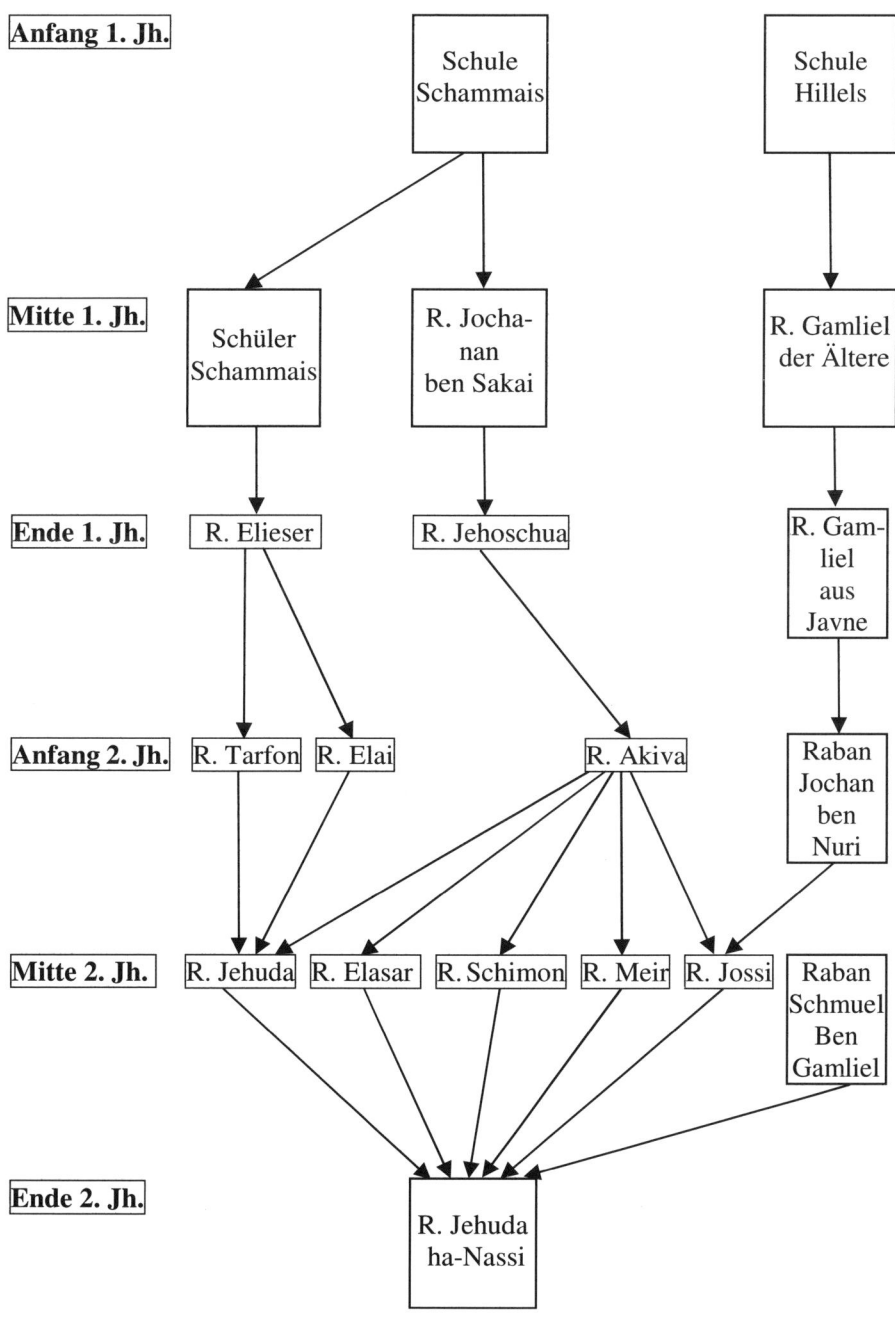

Anfang 1. Jh.	Schule Schammais		Schule Hillels
Mitte 1. Jh.	Schüler Schammais	R. Jocha-nan ben Sakai	R. Gamliel der Ältere
Ende 1. Jh.	R. Elieser	R. Jehoschua	R. Gam-liel aus Javne
Anfang 2. Jh.	R. Tarfon R. Elai	R. Akiva	Raban Jochan ben Nuri
Mitte 2. Jh.	R. Jehuda R. Elasar R. Schimon R. Meir R. Jossi		Raban Schmuel Ben Gamliel
Ende 2. Jh.	R. Jehuda ha-Nassi		

Aufenthaltsorte der bedeutendsten Tanaiten

בני ברק **Bnei Brak**	יבנה **Javne**	ירושלים **Jerusalem**	לוד **Lod**
R. Akiva	R. Gamliel der Ältere R. Jochanan ben Sakai R. Gamliel aus Javne R. Jehoschua	Schule Hillels Schüler Schammais	Schüler Schammais R. Elieser R. Elai R. Tarfon

סכנין **Sachnin**	טבריה **Tiberias**	אושא **Uscha**	צפורי **Zippori**
R. Jehuda	R. Meir R. Elasar R. Schimon	Raban Schmuel Ben Gamliel	Raban Jochan ben Nuri R. Jossi R. Jehuda ha-Nassi

Der hebräische Namensteil „ ben" (בֶּן) bedeutet „Sohn des......"

Landkarte Israels mit den Aufenthaltsorten der bedeutendsten Tanaiten

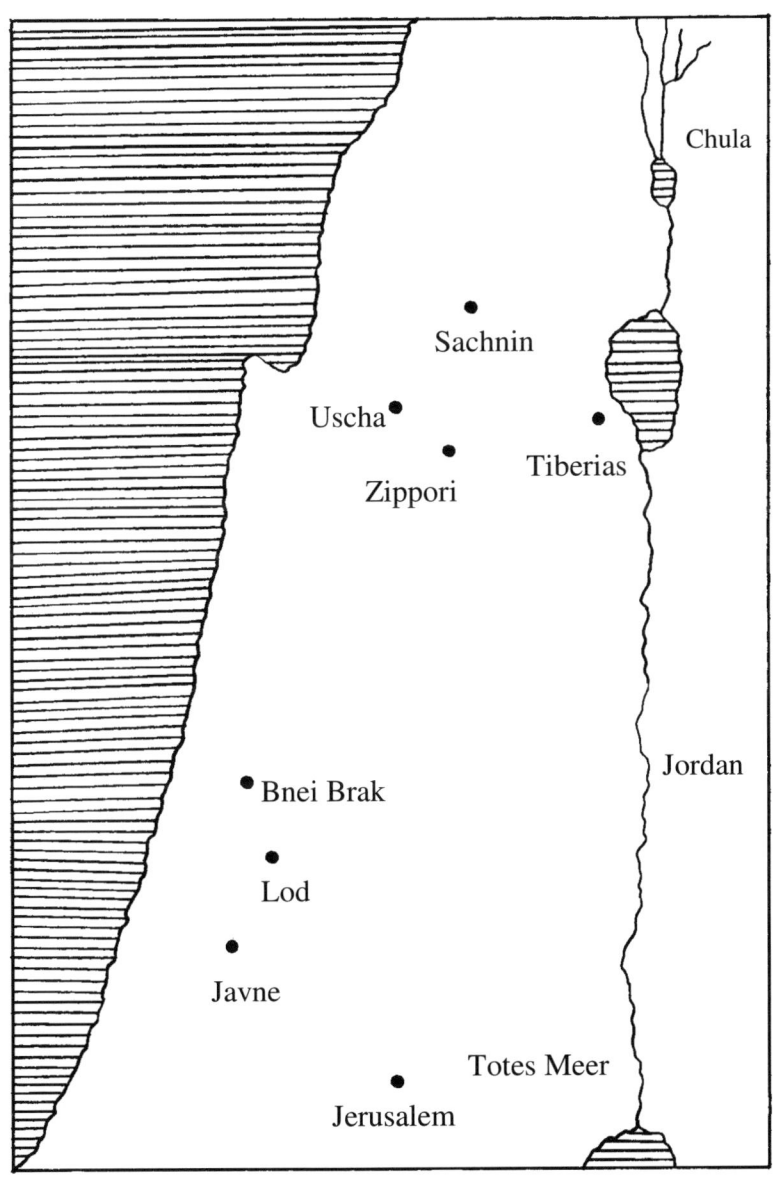

Der Aufbau der Mischna

Der Tradition zufolge erhielt Mosche auf dem Berg Sinai von Gott nicht nur die schriftliche Lehre
(Tora sche bichtav- תורה שבכתב), sondern daneben auch die mündliche Lehre (Tora sche beal pe- תורה שבעל פה). Die Mischna, die einen Teil der mündlichen Tora darstellt, wird somit als eine göttliche Offenbarung betrachtet.

Sie beinhaltet religiöse Grundregeln, die alle Aspekte des Lebens umfassen und die Gläubigen auf ein Gott wohlgefälliges Leben ausrichten wollen.

Die maßgebliche Relevanz dieser religiösen Grundregeln für das alltägliche Leben spiegelt sich bereits im Aufbau der Mischna wieder. Sie ist in sechs Hauptgruppen unterteilt, die als die sechs Ordnungen (ששה סדרים) der Mischna oder auch als „Schas" (ש"ס) bezeichnet werden.

Die Kurzbezeichnung für die Namen der sechs Ordnungen lautet „Sman Nakat" (זמן נק"ט), nach ihren jeweiligen Anfangsbuchstaben und der Reihenfolge, in der sie auch in der Mischna erscheinen.

Diese Ordnungen sind wiederum in insgesamt 63 Massechtot (מסכתות, Traktate) unterteilt, die jeweils aus mehreren Prakim, (פרקים, Kapiteln) bestehen.

Jedes der Traktate enthält zwischen 7 und 12 solcher Kapitel, sodass sich die Gesamtzahl der Kapitel auf 523 beläuft.

Jedes Kapitel besteht aus etwa 8 – 10 Mischnajot (משניות, Lehrsätze), die wiederum eine oder manchmal mehrere Halachot enthalten.

Bei der Sprache der Mischna handelt es sich weder um das Hebräisch der Bibel noch um „Iwrith", das moderne Hebräisch. Bei diesem mischnäischen Hebräisch handelt es sich um die Sprache, wie sie von den Zeitgenossen des Rabbi Jehudah ha- Nassi in den Lehrhäusern gepflegt wurde. Der Sprachstil der Mischna zeichnet sich durch äußerste Knappheit und große Klarheit aus.

Die Mischna des Rabbi Jehuda ha-Nassi wurde von allen Weisen und Gelehrten jener Zeit angenommen und akzeptiert, sowohl in den Jeschiwoth Israels als auch in den Metivtot Babylons. Die

Mischnajot anderer Gelehrter wurden nicht mit aufgenommen und verloren im Laufe der Zeit ihre Relevanz.

So ist ausschließlich die Mischna des Rabbi Jehuda ha-Nassi in ihrer Gesamtheit bis zum heutigen Tag erhalten.

Die Tossefta

Der Tradition zufolge fertigten einige Schüler von Rabbi Jehuda ha-Nassi, unter anderem Rabbi Chija bar Kappara und Rabbi Hoschajah, eine Sammlung von Halachot an, die parallel zur Mischna angeordnet ist und Tossefta genannt wird. Der Name „Tossefta" (תוספתא) bedeutet „Zusatz" oder auch „Hinzufügung"; dementsprechend kann sie als eine Ergänzung zur Mischna bezeichnet werden. Beide Texte stehen in einer engen Beziehung zueinander. Dies gilt nicht nur für ihre Anordnung und Untergliederung, sondern auch für das gemeinsame Material, das in großen Teilen nur geringe Abweichungen kennt. Im Wesentlichen enthält die Tossefta weitere Mischnajot, die schwierige Stellen der Mischna erklären oder aber auch Begründungen für einzelne Halachot liefern. Obwohl zu den Mischnatraktaten Avot, Tamid, Midot und Kinim keine Tossefta angefertigt wurde, ist sie wesentlich umfangreicher als die Mischna. Der Stil der Tossefta ist nicht so knapp und präzise wie der der Mischna.

Die Traktate der Mischna und Tossefta

Tossefta (Kapitelzahl)	Mischna (Kapitelzahl)	Themen (Auswahl in Stichpunkten)	מסכת Traktat

1. Ordnung: Sraim (Saaten)   זרעים

Tossefta	Mischna	Themen	Traktat
6	9	**Segenssprüche** Gebete, Lesung des Schma Jisrael, Gottesnamen	ברכות Brachot
4	8	Anordnungen über die **Ackerecken** als Armenrecht, milde Gaben	פאה Pea
8	7	**Zweifelhaftes**, Verhalten bei unklarer Verzehntung von Felderträgen	דמאי Dmai
5	9	**Vermischtes**, verbotene Kreuzungen v. verschiedenen Saaten, Pflanzen, Tieren	כלאיים Kilaim
8	10	**Siebentjahr**, Ruhejahr, Schuldenerlass und Freilassung von Schuldsklaven	שביעית Schviit
10	11	**Abgaben** von Heben an die Priester	תרומות Trumot
3	5	Abgaben des **ersten Zehnten** an die landlosen Lewiten, Abgaben an Arme	מעשרות Maasrot
5	5	Abgabe des **zweiten Zehnten** in Jerusalem	מעשר שני Maaser scheni
2	4	**Teigabgabe**, Menge und Einzelheiten über die Teighebe	חלה Challa
1	3	**Ungeweihtes**, Verbot d. Baumfrucht bis zum 4. Jahr, Umgang m. Früchten	עורלה Orla
2	3	Abgabe der **Erstlingsfrüchte** und ihre Darbringung in Jerusalem	בכורים Bikurim

2. Ordnung: Moed (Festzeit)   מועד

Tossefta	Mischna	Themen	Traktat
18	24	Anordnungen für den **Schabbat**, verbotene Arbeiten	שבת Schabbat
8	10	**Vereinigung**, Verbindungen von Bereichen und Höfe für Schabbatwege	עירובין Eruvin
10	10	**Pessachopfer**, Vorbereitungen und Durchführung des Pessachfestes	פסחים Psachim
3	8	**Tempelsteuer** und seine Verwendung, Tempelinventar	שקלים Schkalim

4	8	**Jom Kippur**, Opfer, strenges Fasten, Rolle des Hohepriesters	יומא Joma
4	5	**Sukka**, Herstellung und Beschaffenheit der Sukka, Durchführung des Festes	סוכה Sukka
4	5	**Ei**, Anordnungen für allgemeine **Festtage**, Unterschiede zum Schabbat	ביצה Beiza
2	4	**Neujahrsfest**, Schofarblasen, Gebete am Neujahrsfest	ראש השנה Rosch ha-Schana
3	4	**Fastenzeit**, allgemeine Fastentage, Gebete um Regen	תענית Taanit
3	4	Lesung der **Esther-Rolle**, Texte für die gottesdienstlichen Vorlesungen	מגילה Megilla
2	3	**Halbfeiertage** ‚Gesetze über die Halbfeiertage, Trauerzeit für Verstorbene	מועד קטן Moed katan
3	3	**Festfeier** der Wallfahrtsfeste (Pessach, Schawuot, Sukkot), Opfer	חגיגה Chagiga

3. Ordnung: Naschim (Frauen)   נשים

14	16	**Schwagerehe**, Eheverbote, Stellung der Proselyten, Tod des Ehemanns	יבמות Jevamot
12	13	**Eheverträge**, Summe, gegenseitige Pflichten, Recht der Frau	כתובות Ktubot
7	11	**Gelübde** u. ihre Aufhebung, ungültige Gelübde, Notlügen	נדרים Nedarim
6	9	**Nasiräergelübde**, Dauer, Aufhebung, Verunreinigung des Geweihten, Opfer	נזיר Nasir
15	9	**Ehebruchsverdächtigte**, Ermittlung d. Schuld u. Strafe, Gesetze für den Krieg	סוטה Sota
7	9	**Scheidebriefe**, Überbringung, Beglaubigung, Rücknahme, Scheidungsgründe	גיטין Gittin
5	4	**Antrauung**, Verwandtschaftsbeziehungen Heirat und Heiratsbedingungen	קידושין Kiduschin

Tossefta (Kapitelzahl)	Mischna (Kapitelzahl)	Themen (Auswahl in Stichpunkten)	מסכת Traktat

4. Ordnung: Nesikin (Schäden) נזיקין

Tossefta (Kapitelzahl)	Mischna (Kapitelzahl)	Themen (Auswahl in Stichpunkten)	מסכת Traktat
11	10	**Erste Pforte**, Schäden, Diebstahl, Körperverletzungen, Schadensersatz	בבא קמא Bava Kama
11	10	**Mittlere Pforte**, Funde, Kauf u. Rücktritt, Pachten, Zinsen, Arbeitslöhne	בבא מציעא Bava Mezia
11	10	**Letzte Pforte**, Vermögen, Immobilien, Mobilien, Erbschaften, Bürgschaften	בבא בתרא Bava Batra
14	11	**Gerichtshof**, Richter, Zeugen, Prozessarten, Strafen	סנהדרין Sanhedrin
4	3	**Schläge**, Prügelstrafe, Totschlag, Asylstädte, Zahl der Schläge, Durchführung,	מכות Makot
6	8	Verschiedene Arten von **Schwüren** vor Gericht, Gelübdeeid, Zeugniseid	שבועות Schvuot
3	8	Sammlung v. **Zeugnissen** späterer Gelehrter über Lehrsätze früherer Weisen	עדיות Edujot
9	5	Verbot d. **Götzendienstes**, Umgang mit Götzendienern, Götzenbild, Reinigung	עבודה זרה Avoda Sara
	5	Sprüche der **Väter**, moralisch-ethische Betrachtungen	אבות Avot
2	3	Irrtümliche **Lehren** u. **Entscheidungen** der Gerichtshöfe u. ihre Berichtigungen	הוריות Horajot

5. Ordnung: Kodaschim (Heiliges) קודשים

Tossefta (Kapitelzahl)	Mischna (Kapitelzahl)	Themen (Auswahl in Stichpunkten)	מסכת Traktat
13	14	**Schlachtopfer**, Gesetze über das Tempelopfer, Rolle d. Priester	זבחים Svachim
13	13	**Speiseopfer**, Gesetze über das Speiseopfer, Zizit, Tfillin	מנחות Menachot
10	12	**Profanes**, Profanschlachtungen, reine u. unreine Tiere, Kaschrut, Abgaben	חולין Chulin
7	9	Bedeutung der **Erstgeburten** für Mensch u. Tier	בכורות Bchorot
5	9	**Schätzungen** der Beträge für Gelübde je nach Vermögenslage	ערכין Arachin
4	7	**Umtausch** von Opfertieren, brauchbare u. unbrauchbare Teile des Opfertieres	תמורה Tmura

4	6	Sünden, auf die die Strafe der **Aus-rottung** steht, Schuldopfer	כרתות Kritot
3	6	**Veruntreuung** von Geheiligtem, Umgang mit den geheiligten Gegenständen	מעילה Me`ila
	6	Tägliches **Brandopfer**, Aufgaben d. Priester, Priestersegen	תמיד Tamid
	5	**Maße**, Architektur u. Inventar des Tempels, Tempelberg, Brandopferaltar	מידות Midot
	3	**Vogelnester**, Taubenopfer für Arme, durcheinandergeratene Opfervögel	קינים Kinim

6. Ordnung   Taharot (Reinheiten)   טהרות

25	30	Verschiedene **Geräte** u. Gegenstände, und ihre Anfälligkeit für rituelle Unreinheit	כלים Kelim
18	18	**Zelte**, Verunreinigung durch eine Leiche unter einem Dach	אוהלות Ohalot
9	14	**Plagen**, Aussatzarten, Aussatz an Kleidern u. Häusern, Reinigung	נגעים Negaim
12	12	Eigenschaften u. Zubereitung der roten **Kuh**, Beseitigung der Totenunreinheit	פרה Para
11	10	**Reinheiten**, bzw. Unreinheiten und ihre Dauer, Berührung von Unreinem	טהרות Taharot
8	10	**Tauchbäder** zur rituellen Reinigung, Maße, Bauart, Durchführung d. Badens	מקוות Mikwaot
9	10	**Menstruation**, rituelle Unreinheit bei einer Menstruierenden	נידה Nida
3	6	**Empfänglichkeit zur Unreinheit**, Verunreinigung von Nahrungsmitteln	מכשירין Machschirin
5	5	**Die Ausflussbehafteten**, Verunreinigung durch Ausfluss, Dauer, Beseitigung	זבים Savim
2	4	**Der am selben Tag Untergetauchte**, Berührung v. Profanem u. Geheiligtem	טבול יום Tvul Jom
2	4	**Hände**, rituelle Unreinheiten, die von Rabbinern verhängt wurden	ידיים Jadaim
3	3	**Stiele** u. Kerne von Früchten, die Möglichkeiten ihrer Verunreinigung	עוקצין Ukzin

Die ersten Drucke

Von dem ersten Druck der Mischna, der etwa um 1485 in Spanien entstand, sind nur einige Folien erhalten. Aus diesem Grunde wird der Druck, der 1492 in Neapel in der Druckerei von Joschua Schlomo Soncino erstellt wurde und den Kommentar RaMBa"Ms enthält, als die erste vollständige Ausgabe betrachtet. In den Jahren 1548- 49 wurde in Venedig eine Ausgabe der Mischna gedruckt. Dieser Ausgabe wurde der in Jerusalem verfasste Kommentar von R. Ovadja von Bartenura (עובדיה מברטנורא ca.1450-1516) beigegeben, der schon bald zu den bekanntesten Mischnakommentaren gehören sollte.

In den Jahren 1614-17 ließ R. Jom Tov Lipmann Heller (יום טוב ליפמן הלר, 1579 –1654) eine korrigierte Fassung der Mischna drucken, der er nicht nur den Kommentar von R. Ovadja von Bartenura, sondern auch seine eigene Erklärung namens „Tossafot Jom Tov" (תוספות יום טוב) hinzufügte. Diese Ausgabe wurde allen späteren Drucken der Mischna zugrunde gelegt.

Neben diesen selbständigen Mischnaausgaben erscheint die Mischna auch in den verschiedenen Ausgaben des Babylonischen und des Jerusalemer Talmuds.

Die Blattzählung

Das Blatt vor dem ersten Blatt der Mischna enthält wichtige Einzelheiten zu den Bearbeitern und den Herausgebern, zum Druckort und Druckjahr. Im Gegensatz zur Gmara beginnt die Seitenzählung nicht erst mit dem zweiten, sondern bereits mit dem ersten Blatt. Die Seitenzahl erscheint in der oberen, äußeren Ecke jeder Seite in hebräischen Lettern.

Die Seitenüberschrift

Die Seitenüberschrift erscheint in Quadratschrift über der Mitte der Seite. Die Seitenüberschrift bezeichnet den Namen des Traktates (z.B. סוכה - Sukka) und die Zahl des Kapitels (z.B. פרק א' - erstes Kapitel). Links und rechts von der Seitenüberschrift befinden sich weitere Überschriften, die sich jedoch auf die Kommentare zur Mischna beziehen und weiter unten erläutert werden.

Der Text der Mischna

Der Text der Mischna erscheint in großer Quadratschrift in der Mitte der Seite und ist von einem kleinen weißen Rahmen umgeben, um den Kommentare angeordnet sind. Der Beginn eines Traktates wird dadurch angezeigt, dass das erste Wort in großen Lettern hervorgehoben wird. Die Anfänge der einzelnen Mischnajot werden durch große, fortlaufende hebräische Lettern numeriert, die sich vom übrigen Text deutlich abheben. Innerhalb der Mischna tauchen häufig kleine, runde Klammern auf, in denen sich Lettern in RaSCH"I-Schrift befinden. Diese verweisen auf den Kommentar von R. Jom Tov, auf den an späterer Stelle eingegangen wird. Unter der letzten Zeile des Mischnatextes einer Seite erscheint ein Wort in einer kleineren Schrift als der übrige Text der Mischna. Es handelt sich hierbei um eine Kustode, die den korrekten Textanschluss zur nächsten Seite gewährleisten soll.

Der Kommentar von R. Ovadja von Bartenura

Der Kommentar von R. Ovadja von Bartenura befindet sich auf der Innenseite des Blattes unter dem Teil der Kopfzeile, der mit ר"ע מברטנורא (Rabbi Ovadiah aus Bartenura) betitelt ist. Zunächst wird die entsprechende Passage des Mischnatextes zitiert, die im Zentrum der Erörterung steht. Das Zitat wird durch die hebräische Quadratschrift hervorgehoben und mit einem Punkt von der nun folgenden Erklärung abgegrenzt. Die Erklärung selbst wird in der RaSCH"I-Schrift wiedergegeben und mit einem Doppelpunkt beendet. Innerhalb des Kommentars tauchen zwei Gruppen von Querverweisen in runden Klammern auf. Die eine Gruppe ist deutlich als Hinweis auf Bibelstellen zu erkennen; die zweite Gruppe, welche mit fortlaufenden Buchstaben in RaSCH"I-Schrift nummeriert ist, bezieht sich auf den Kommen-tar von R. Jom Tov.

R. Ovadja von Bartenura bemüht sich, in seinem Kommentar unklare Mischnastellen zu erklären sowie Begründungen für einzelne Halachot zu liefern. Tauchen Konflikte zwischen verschiedenen Lehrmeinungen auf, so entscheidet er, welcher Meinung der Vorzug gegeben werden soll. Bei der Begründung der Halachot und der abschließenden Entscheidung greift er auf den Babylonischen Talmud zurück, gibt aber nicht die gesamte Diskussion wieder, sondern hält lediglich die Ergebnisse fest. Die Auslegungen R. Ovadjas, die in einer leicht verständlichen und klaren Sprache verfasst sind, basieren im Wesentlichen auf dem Kommentar RaMBa"Ms zur Mischna, RaSCH"Is Erklärung zum Talmud sowie auf weiteren Auslegungswerken.

Der Kommentar von R. Jom Tov Lipmann Heller

Der Kommentar von R. Jom Tov wird in der Kopfzeile mit
עיקר תוי"ט (Ikar Tossfot Jom Tov)
angekündigt und in der RaSCH"I-Schrift auf der äußeren Hälfte des Blattes wiedergegeben. Die Lettern in runden Klammern verweisen auf die Passage in der Mischna, die im Zentrum der Betrachtung steht. Vor dem eigentlichen Kommentar befindet sich in der Regel eine Zusammenfassung des Kommentars von R. Ovadja oder ein Zitat aus der Mischna, jeweils immer durch einen Punkt abgeschlossen. Der Kommentar selbst wird durch einen Doppelpunkt von dem nächsten Abschnitt abgegrenzt. Neben den Querverweisen auf Bibelstellen, die in runden Klammern dargestellt werden, tauchen gelegentlich eckige Klammern auf, die Ergänzungen von späteren Bearbeitern enthalten.
R. Jom Tov (1579-1654), der im bayrischen Wallerstein geboren wurde, erhielt seine Ausbildung bei seinem Großvater Moses Wallerstein und dem berühmten Prager Rabbiner R. Jehuda Löw

ben Bezalel (MaHaRa"L; ca. 1525-1609). Er gilt als ein großer Talmudist, der nicht nur in der Kabbala, der Religionsphilosophie und Hebräischen Grammatik bewandert war, sondern sich auch ein breites Wissen in den Naturwissenschaften erarbeitet hatte und bereits als 18jähriger in Prag zum Rabbinatsbeisitzer ernannt wurde.

In seinem Kommentar zur Mischna, der sich als eine Ergänzung zum Kommentar von R. Ovadja versteht, berücksichtigt R. Jom Tov abweichende Schreibweisen in verschiedenen handschriftlichen Exemplaren der Mischna, arbeitet aber auch die Ergebnisse früherer Kommentare ein. Seine Hauptleistung besteht darin, dass er auftretende Widersprüche zwischen einzelnen Mischnajot durch logische Schlussfolgerungen auszugleichen versucht. In diesem Zusammenhang bemüht er sich um die Beseitigung von Unklarheiten und überprüft die Entscheidungen der halachischen Diskussionen, die er aber zuweilen kritisch beurteilt. Daneben geht er auch auf sprachliche Probleme ein.

Seite einer Mischnaausgabe mit Kommentaren von R. Ovadja und R. Jom Tov

מַסֶּכֶת סֻכָּה

סֻכָּה שֶׁהִיא גְבוֹהָה לְמַעְלָה מֵעֶשְׂרִים אַמָּה, פְּסוּלָה (ג). רַבִּי יְהוּדָה מַכְשִׁיר. וְשֶׁאֵינָהּ גְּבוֹהָה עֲשָׂרָה טְפָחִים, וְשֶׁאֵין לָהּ שָׁלֹשׁ דְּפָנוֹת, וְשֶׁחַמָּתָהּ מְרֻבָּה מִצִּלָּתָהּ, פְּסוּלָה. סֻכָּה יְשָׁנָה, בֵּית שַׁמַּאי פּוֹסְלִין, וּבֵית הִלֵּל מַכְשִׁירִין. וְאֵיזוֹ הִיא סֻכָּה יְשָׁנָה, כָּל שֶׁעֲשָׂאָהּ קֹדֶם לֶחָג שְׁלֹשִׁים יוֹם. אֲבָל אִם עֲשָׂאָהּ לְשֵׁם חַג, אֲפִלּוּ מִתְּחִלַּת הַשָּׁנָה, כְּשֵׁרָה: ב הָעוֹשֶׂה סֻכָּתוֹ תַּחַת הָאִילָן, כְּאִלּוּ (ז) עֲשָׂאָהּ בְּתוֹךְ הַבַּיִת. סֻכָּה עַל גַּבֵּי סֻכָּה, הָעֶלְיוֹנָה כְּשֵׁרָה, וְהַתַּחְתּוֹנָה פְּסוּלָה (ח). רַבִּי יְהוּדָה אוֹמֵר, אִם אֵין דִּיּוּרִין בָּעֶלְיוֹנָה, הַתַּחְתּוֹנָה כְּשֵׁרָה: ג פֵּרַס עָלֶיהָ סָדִין מִפְּנֵי הַחַמָּה, אוֹ תַחְתֶּיהָ מִפְּנֵי

הנשר

סוכה שהיא גבוהה למעלה מעשרים אמה פסולה. דסוכה דירת עראי בעינן, דכתיב (דברים טז) חג הסוכות תעשה לך שבעת ימים, אמרה תורה עשה סוכה לשבעת ימים, ולמעלה מעשרים אמה אין אדם עושה דירתו דירת עראי אלא דירת קבע(א): **ורבי יהודה מכשיר.** דסבר סוכה דירת קבע בעינן. ואין הלכה כרבי יהודה: **ושאינה גבוהה עשרה טפחים.** פסולה, דדירה סרוחה היא ואין אדם דר בדירה סרוחה(ג): **ושאין לה שלש דפנות.** דכתיב, בסכת בסכת בסכות, שנים חסרים ואחד מלא, חד לסכך דפירוש סוכה סכך, פשו להו תלתא לשלש דפנות. אתיא הלכה למשה מסיני וגרעיה לדופן חדא ואוקמיה אטפח. נשארו שתים כהלכתן ושלישית אפילו טפח. לפיכך סוכה שיש לה שתי דפנות זו אצל זו, עושה דופן שלישי שיש בו טפח ומשהו, ומעמידו בפחות משלשה סמוך לאחת משתי הדפנות, שכל פחות משלשה כלבוד דמי ונחשב כאילו הוא דופן של ארבעה טפחים ונמצא רוב דופן עשוי, והרי יש לסוכה זו שלש דפנות. וצריך לעשות לה צורת פתח(ד). ואם שתי הדפנות הם זו כנגד זו וביניהן מפולש, מביא פס שיש בו ארבעה טפחים ומשהו, ומעמידו בפחות משלשה סמוך לאחת משתי הדפנות, ונחשב כאילו יש בפס זה שבעה טפחים שהוא שיעור הכשר סוכה לארכה ולרחבה, שהסוכה צריכה שתהא שבעה על שבעה כדי שתהא מחזקת ראשו ורובו ושולחנו, ששה על ששה לראשו ורובו, וטפח על טפח לשולחנו: **ושחמתה מרובה מצלתה פסולה.** הא בשוין שהחמה כצל כשרה. ודוקא שהן שוין מלמטה בקרקעית הסוכה, דבידוע שלמעלה בסכך צלתה מרובה מחמתה, דאמרי אינשי כזוזא מלעיל כאסתירא(ה) מלרע: **בית שמאי פוסלין.** דבעו סוכה לשמה(ו), וזו סתם נעשית. ואילו תוך שלשים לחג, כיון ששואלים בהלכות החג שלשים יום קודם לחג, סתם העושה סוכה לשם חג הוא עושה, אבל קודם שלשים סתמא לאו לשם חג הוא: **ובית הלל מכשירין.** דלא בעו סוכה לשם חג: ב **כאילו עשאה בתוך הבית.** ופסולה: **תחתונה פסולה.** דשני סככין יש לה. וקרא קא פסיל סוכה שתחת הסוכה: **אם אין דיורין בעליונה.** שאינה ראויה לדירה, כגון שאין גג התחתונה יכולה לקבל כרים וכסתות של עליונה. ולא נחלקו תנא קמא ורבי יהודה כשאינה יכולה לקבל כלל, דהא כולי עלמא מודו שהתחתונה כשרה בסכך העליונה, שהגג שלה אינו חשוב גג ולא הויא סוכה שתחת הסוכה. ואם היא בריאה ויכולה לקבל כרים וכסתות של עליונה, כולי עלמא לא פליגי שהיא פסולה. כי פליגי, כשיכולה לקבל על ידי הדחק, כגון שגג התחתונה מתנועע ורופף מכרים וכסתות של עליונה, תנא קמא סבר דהכי מקרי סוכה שתחת הסוכה ופסולה, ורבי יהודה סבר כיון שאינה מקבלת כרים וכסתות של עליונה אלא על ידי הדחק אינה חשובה גג ואין זו סוכה שתחת הסוכה(ט). ואין הלכה כרבי יהודה:

פרק א (א) שצריך לעשות יחודותיה ומחיצותיה קבועין. ולא קפיד בבנין קבוע שלא לעשותו אפילו למטה מעשרים. אלא בשיעור שאפשר שיעשה בו דירת עראי תליא מלתא. הר"ן: (ג) פסולה. בגמרא פריך, מאי שנא דבמבוי כי עירובין תני בכהאי גוונא דהכא ותקן ימעט, ומאי שנא דהכא תני פסולה. ומשני, סוכה דאורייתא תני פסולה דכל כמה דלא מתקנה היא פסולה מימות משה רבנו עליו השלום שנתן מדתו. אבל מבוי דרבנן, ועכשיו מתחיל להכאות שיעורו מאי פסלית שייך למימר, הלכך תני ימעט. רש"י. ועיין בתוספות. אי נמי, סוכה [נפישי מיליה] כו'. עיין גמרא: (ג) הלכך אפילו היא גבוהה מעשרה אלא שהוצין יורדין לתוך עשרה אע"ג דחמתן של ההוצין מרובה מצלתן ואימא דלא למעטו, קא משמע לן דמשום דירה סרוחה פסולה כדאיתא בגמרא דף ד'. ועיין תוי"ט: (ד) וגבי פס ארבעה לא כתב הר"ב צורת הפתח. ואפשר דסובר דכשעושה בפס ארבעה ומשהו, לא בעינן צורת הפתח, הואיל ויש בו הכשר סוכה כשאתה מעמידו בפחות משלשה. ויש מחלוקת הפוסקים בזה: (ה) פירש הרא"ש ז"ל, מטבע נחושת ורחב יותר מזוזא: (ו) דכתיב (דברים טז) חג הסוכות תעשה לך שבעת ימים, סוכה העשויה לשם חג בעינן. ובית הלל מבעי להו לעושין סוכה בחולו של מועד. ובית שמאי סברי דאין עושין. גמרא: (ז) כאילו כו'. מדבסכת חסר כתיב, ולא תחת הבית ולא תחת האילן משמע. ואילן דומיא דבית דצלתו מרובה כו'. אף אילן כן. אבל כשחמתו מרובה וחבטן ועירבן עם הסכך הכשר, כשר כמו במשנה ד'. גמרא: (ח) והתחתונה פסולה. דכתיב בסכת תשבו, חסר, למד דתרי סוכות היינו סוכה תחת סוכה פסולה. גמרא: (ט) ותנא קמא לטעמיה אזיל דסבירא ליה [לעיל] דירת עראי בעינן. ור' יהודה לטעמיה דסבירא ליה דירת

Weitere wichtige Kommentare

Zwischen seinem 23. und 30. Lebensjahr verfasste RaMBa"M (1135-1204) einen Mischnakommentar in arabischer Sprache, der noch zu seinen Lebzeiten auszugsweise ins Hebräische übersetzt wurde. Einige Teile des Werkes, das von späteren Bearbeitern den Titel Sefer ha-Maor erhielt, wurden auch als selbständige Schriften kopiert und gedruckt.

Auch R. Schimschon ben Avraham aus Sens (ca. 1150-1230), einer der größten Tossafisten Frankreichs, kommentierte die Ordnungen Sraim (bis auf das Traktat Brachot) und Taharot (bis auf das Traktat Nida). Mit diesen Arbeiten zur Mischna leistete der Autor wesentliche Vorarbeiten für spätere Kommentare.

Dieser Kommentar wird u.a. auch von R. Ascher ben Jechiel (RO"SCH, 1250-1327) wieder aufgegriffen, zusammengefasst und ergänzt.

Der Mischnakommentar Melechet Schlomo des R. Schlomo Adani (1567-1624) ist im Wesentlichen eine Ergänzung der Auslegung von R. Ovadja.

R. Israel Lipschütz (1787-1861) fertigte einen Mischnakommentar namens Tiferet Israel an, der als eine der bekanntesten und besten Auslegungen der Mischna weit verbreitet und mehrfach übersetzt wurde. Unter den Übersetzungen findet sich auch eine ins Deutsche, die jedoch in hebräischen Lettern gedruckt wurde.

Im heutigen Israel wurden zwei bedeutende Kommentare veröffentlicht:

Der Kommentar von Professor Chanoch Albeck beschäftigt sich mit historischen und philologischen Problemen.

Der Kommentar von Pinchas Kehati, aufbauend auf den bereits früher erwähnten Kommentaren, konzentriert sich auf die Quintessenz der verschiedenen Themen und bringt sie in knappem und leicht verständlichem Stil auf den Punkt, sodass die Mischna auch für eine breitere Öffentlichkeit zugänglich ist.

מסכת סוכה

פרק ראשון

משנה א'

סֻכָּה שֶׁהִיא גְבוֹהָה לְמַעְלָה מֵעֶשְׂרִים אַמָּה, פְּסוּלָה.
רַבִּי יְהוּדָה מַכְשִׁיר. וְשֶׁאֵינָה גְבוֹהָה עֲשָׂרָה טְפָחִים,
וְשֶׁאֵין לָהּ שָׁלֹשׁ דְּפָנוֹת, וְשֶׁחַמָּתָהּ מְרֻבָּה מִצִּלָּתָהּ —

באור משנה א'

משנתנו באה ללמד, מה הם שיעורי הסוכה.

סוכה שהיא גבוהה למעלה מעשרים אמה — כלומר שגובה
חלל הסוכה, מן הקרקע עד הסכך הוא יותר מעשרים אמה (אמה = 6
טפחים, ועשרים אמה הם כ־10 מטרים), **פסולה** — הטעם הוא (לדעת
רבא בגמרא), שכתוב (ויקרא כג, מב) : „בסוכות תשבו שבעת ימים",
אמרה תורה : כל שבעת הימים צא מדירת קבע ושב בדירת עראי,
לפיכך עד עשרים אמה אדם עושה דירתו דירת עראי, למעלה מעשרים
אמה אין אדם עושה דירתו דירת עראי אלא דירת קבע, כלומר שצריך
שהיא שיעור גובה באופן שאפשר לבנותה ארעי, ואז אפילו עשאה
קבע, כגון שעשה מחיצות של ברזל, הסוכה כשרה. אבל כשהיא גבוהה
למעלה מעשרים אמה, הרי מחמת גובה הדפנות אינו יכול לבנותה
אלא קבע, ונמצא שנפקע ממנה היכר סוכה (הר"ן, המאירי). **רבי**
יהודה מכשיר — את הסוכה שהיא גבוהה למעלה מעשרים אמה,
שלדעתו צריכה הסוכה להיות דירת קבע. ואין הלכה כרבי יהודה.
ושאינה גבוהה עשרה טפחים — סוכה שגובה חללה הוא פחות
מעשרה טפחים (הטפח = 8 ס"מ ; ולדעת החזון איש 9,6 ס"מ), שאין
אדם דר בדירה כזו, **ושאין לה שלש דפנות** — כמו שנבאר להלן,
ושחמתה מרובה מצלתה — שהחמה החודרת דרך הסכך על
קרקע הסוכה מרובה מהצל הנופל מהסכך, ונמצא הסכך קלוש ואינו
סוכך כראוי, והרי עיקר הסוכה הוא הסכך, שעל שמו נקראת „סוכה",
פסולה — הסוכה. בעניין „שלש דפנות" דעת חכמים היא (בברייתא
בגמרא), שאם היו לסוכה שתי דפנות שלמות זו בצד זו, עושה דופן
שיש ברחבו טפח ומשהו, ומעמידו בפחות משלשה טפחים סמוך לאחת
משתי הדפנות, ודיו ; שכל פחות משלשה טפחים כלבוד הוא, והרי זו
נחשבת כדופן של ארבעה טפחים, ונמצאת הסוכה בעלת שלש דפנות,
אלא שצריך לעשות לה צורת פתח, מפני שאין לה שלש דפנות
גמורות. וכבר למדנו (במסכת עירובין), שצורת פתח היינו אפילו
קנה מכאן וקנה מכאן וקנה על גביהן, אף על פי שאינו מגיע להן.
ואם היו לסוכה שתי דפנות זו כנגד זו, וביניהן מפולש, עושה דופן
שיש ברחבה ארבעה טפחים ומשהו, ומעמידה בפחות משלשה סמוך
לאחת משתי הדפנות, ונחשב כאילו יש בצד השלישי דופן של שבעה

34

Der Talmud

In einer Zeitspanne von ca. 300 Jahren, beginnend mit Veröffent-
lichung der durch Rabbi Jehuda ha-Nassi kompilierten Mischna
gegen Ende des zweiten Jahrhunderts, lag das Hauptaugenmerk
der Weisen und Schüler in den Batei Midrasch (בתי מדרש Lehrhäuser) Israels und Babylons auf der Kommentierung und Erläuterung der Mischna.

Die Gelehrten, die sich mit der Erläuterung der Mischna beschäf-
tigten, werden als Amoräer (אמוראים) bezeichnet. Dieser Name
stammt von der Wurzel „amar" (אמר) ab, was auf Aramäisch
auslegen oder interpretieren bedeutet.

Andere Sammlungen von Mischnajot, die keinen Eingang in die
Mischna des Rabbi Jehuda ha-Nassi fanden, wurden wesentlich
weniger berücksichtigt und erreichten niemals eine ähnliche Bedeutung.

Auf diese Mischnajot wurde nur zurückgegriffen, wenn die eigentliche Mischna nicht ohne weiteres zu verstehen war. Daher
kommt die aramäische Bezeichnung „Brajitot" (ברייתות), was
außen oder außerhalb bedeutet. Dieser Begriff war hier darauf
bezogen, dass sie sich außerhalb der Mischna des Rabbi Jehuda
befanden.

Die bedeutendsten Amoräer in den maßgeblichen Lehrhäusern Babyloniens

הוצל *Huzal*	כפרי *Kafri*	מחוזא *Mechosa*	נהרדעא *Nehardea*	פפוניא *Papunia*
R. Assi (1) R. Kahana (1)	Mar Ukva (1) R. Chisda (3) R. Jizchak Avidimi (4) R. Mtna (4) R. Ada bar Mtna (5)	Rabba bar Awua (1) R. Josef bar Chama (3) Rava (4) R. Acha bar Huna (5) R. Mari (5) Mar Sutra brei de- R. Mari (6)	Schmuel (1) R. Nachman (2) R. Dimi von Nehardea (4) R. Svid von Nehardea (4) R. Schimi von Nehardea (5) Ameimar (6)	R. Matna (2) R. Acha bar Jaakov (3) R. Acha brei de- R. Ika (4) R. Huna bar Mano-ach (5)

Die Generationen der Amoräer in Babylonien und Israel

1. Generation	bis ca. 250 n.d.Z.
2. Generation	bis ca. 280 n.d.Z.
3. Generation	bis ca. 310/20 n.d.Z.
4. Generation	bis ca. 340 n.d.Z.
5. Generation	bis ca. 380 n.d.Z.
6. Generation	bis ca. 430 n.d.Z.
7. Generation	bis Ende des 5. Jahrhs. n.d.Z.

פומפדיתא Pumbedita	פום נהרא Pum Nahara	שכנציב Schechanziv	שלהי Schilhei	סורא Sura
R. Ada bar Ahava (1)	R. Kahana (5)	R. Idi bar Avin (4)	R. Scheschet (3)	Rav (1)
				R. Huna (1)
Rabbi Jehuda (2)		R. Schischa brei-de R. Idi (5)	R. Amram (3)	Chija bar Rav (1)
			Rava bar Ulla (4)	
Rabba (2)				R. Jirmija bar Abba (2)
R. Josef (3)				
Abaje (4)				Rabba bar R. Huna (3)
R. Nachman bar Jizchak (4)				R. Mescharschija (5)
R. Bibi bar Abaje (5)				R. Aschi (5)
				Ravina (5)
R. Svid (5)				R. Acha brei de-Rava (6)
Mar Sutra (6)				
Rafram (6)				Mar bar R. Aschi (6)
R. Rechumei (7)				Ravina bar Huna (7)
R. Jossi (7)				

Der aramäische Namensteil „ bar" (בר) bedeutet „Sohn des......"

Der aramäische Namensteil „ brei" (ברי) bedeutet „Sohn des......"

Landkarte Babylonien mit den markierten Aufenthaltsorten der bedeutendsten Amoräer

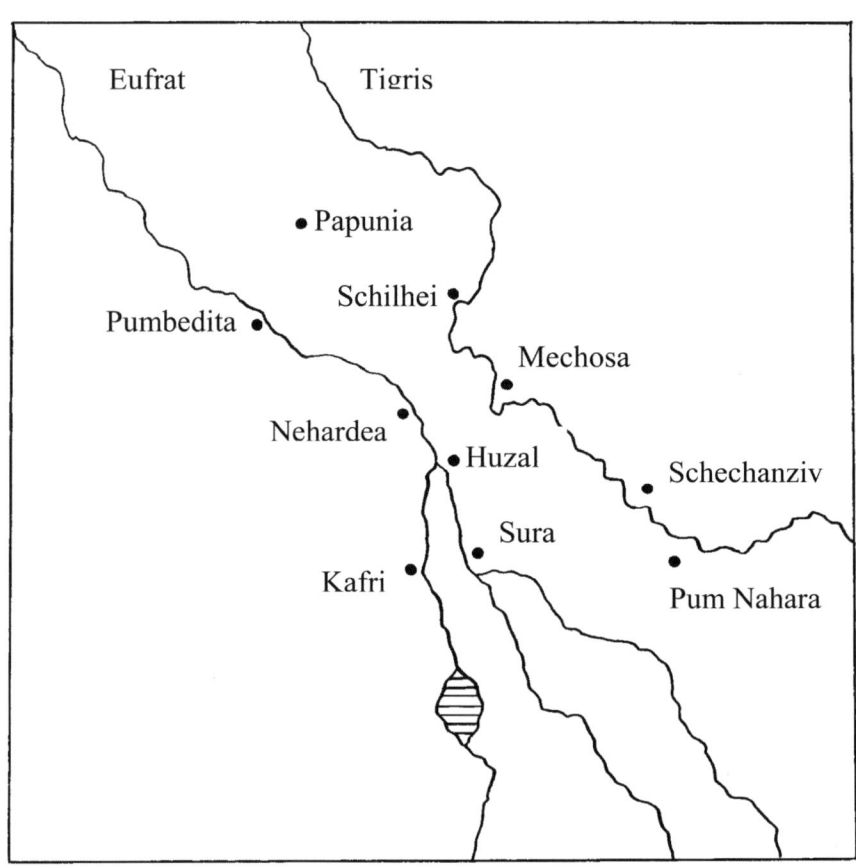

Die bedeutendsten Amoräer in den maßgeblichen Lehrhäusern Israels

עכו *Akko*	חיפה *Chaifa (Hai-fa)*	קיסרין *Kisrin (Caesarea)*	לוד *Lod*
R. Abba (3)	R. Ardimi (3) R. Jizchak bar Nachman (3)	R. Hoschaja (2) R. Abahu (3) R. Sera (3) R. Jossi be-Rabi Bun (4) Avimi brei de-R. Abahu (4) R. Judan avui de-R. Matanja (4) R. Matnia (5) R. Schmuel. be-Rabi Jossi be-Rabi Bun (5)	R. Lewi Bar Kappara (1) R. Joschua bar Lewi (2) R. Simlai (3) R. Schmuel bar Nachman (3) R. Simon (3) R. Chija bar Ada (4) R. Jehuda ben Pasi (4) R. Jaakov dro-mia (5) R. Joschua dro-mia (5) R. Chilkija (5)

Der aramäische Namensteil "berabi" (ברבי) bedeutet „Sohn des Rabbi"

Der aramäische Namensteil "avui" (אבוי) bedeutet „Vater "

Der aramäische Namensteil "de" (ד) "aus"

טבריה Tveria (Tiberias)	צפת Zfat (Safed)	צפורי Zippori (Sepphoris)	צור Zor
R. Chija (1)	R. Jannai (1)	R. Chanina bar Chama (1)	R. Illa (2)
R. Jochanan (2)		R. Jehuda Nassia (2)	R. Jaakov bar Idi (3)
R. Schimon ben Lakisch (2)		R. Jossi bar Chanina (2)	R. Chija bar Rav (3)
R. Jirmija bar Abba (3)		R. Acha bar Jizchak (3)	
R. Abba bar Memel (3)		R. Jaakov bar Acha (4)	
R. Elasar (3)		R. Avidimi de-Zipporin (4)	
R. Jossi (4)		R. Mana (5)	
R. Chagai (4)		R. Chija de-Zipporin (5)	
R. Jona (4)			
R. Pinchas bar Chama (5)			
R. Tanchum bar Abba (5)			

Landkarte Israel mit den markierten Aufenthaltsorten der bedeutendsten Amoräer

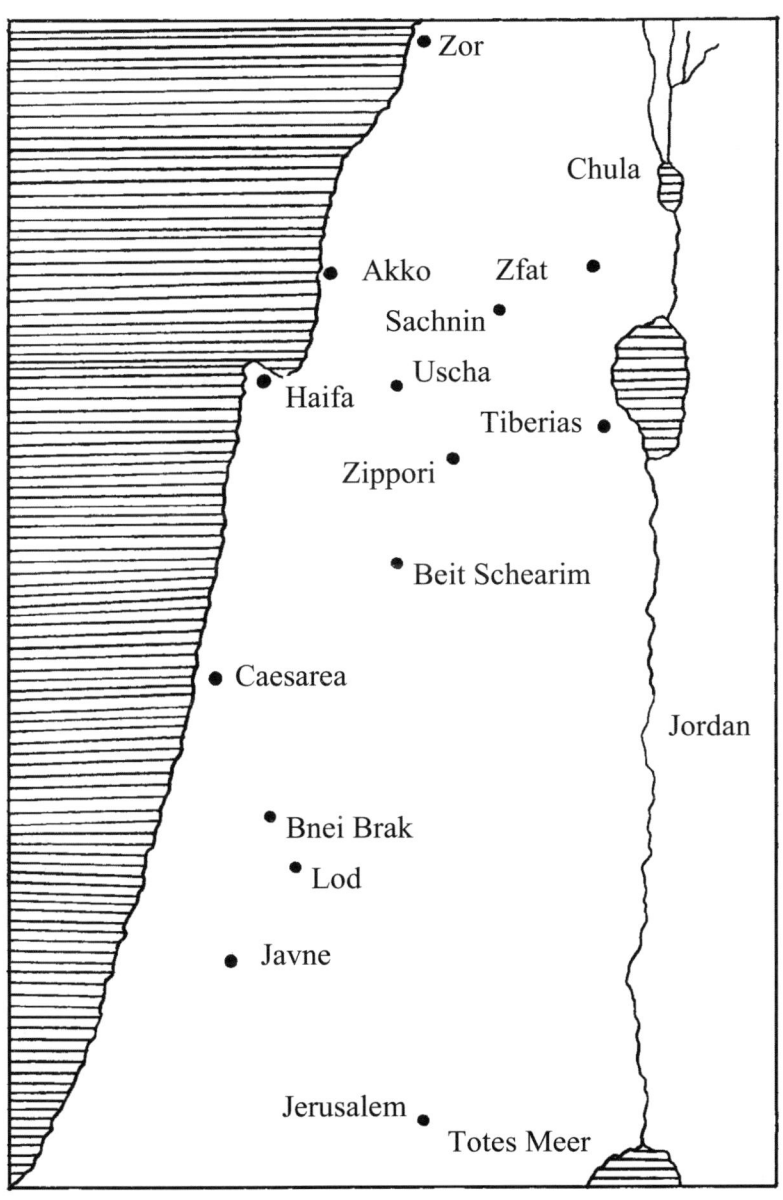

Inhaltliche Struktur des babylonischen Talmud

Die inhaltliche Grundlage des babylonischen Talmud (תלמוד בבלי) und des palästinischen Talmud (תלמוד ירושלמי) bildet die Mischna.

Daraus ergab sich eine Einteilung in Traktate, die analog zur Gliederung der Mischnatraktate verläuft.

Allerdings existiert nicht für jedes Traktat der Mischna ein Traktat in einem der Talmudim.

Weiterhin gibt es für einige Traktate der Mischna jeweils nur in einem der beiden Talmudim ein entsprechendes Traktat.

Quellen des babylonischen Talmud

Zur Redaktion des babylonischen Talmud wurden zahlreiche, verschiedene Quellen herangezogen.

Die wichtigsten dieser Quellen waren unter anderem:

Die Mischna

Eingang fanden hauptsächlich vier der sechs Ordnungen aus der Mischna des Rabbi Jehuda ha-Nassi (Moed, Naschim, Nezikin und Kodaschim). Aus den anderen beiden Ordnungen werden nur das Trakat Brachot (aus der Ordnung Seraim) und das Traktat Nidah (aus der Ordnung Taharot) behandelt.

Halachische Midraschim

Midraschim der Tannaiten und der Amoräer, aus denen Halachot abgeleitet wurden, werden auf Hebräisch als מדרשי הלכה Midraschei Halacha bezeichnet.

Aggadische Midraschim

Midraschim der Gelehrten Babylons und Israels, in denen Erläuterungen durch Geschichten und Parabeln gegeben werden. Im Gegensatz zu den Midraschei Halacha wurden aus diesen Midraschei Aggadah מדרשי אגדה nicht direkt Halachot abgeleitet.

Baraijtot

Sammlungen von Mischnajot, die keinen Eingang in die Mischna des Rabbi Jehuda ha-Nassi fanden.

Minhagim

מנהגים Brauchtum, das sowohl von den Gelehrten als auch durch das Volk tradiert wurde.

Entscheidungen von Rabbinatsgerichten

Rechtliche Entscheidungen durch ein Beit Din (Rabbinatsgericht).

Diskurse

Die Aufzeichnungen verschiedener Diskussionen aus den Lehrhäusern.

Traditionen

מסורת Massoret, die von Generation zu Generation überliefert wird.

Volksliteratur

Gleichnisse und Fabeln, die im Volk überliefert wurden.

Hintergrund

Der Talmud versucht einer Vielzahl von Bereichen des menschlichen Lebens gerecht zu werden.

Neben den in der Tabelle angegebenen halachischen Themen schafft der Talmud so eine Grundlage für jede Form des menschlichen Zusammenlebens. Zwischenmenschliche und nachbarschaftliche Beziehungen, das Verhältnis zwischen Eltern und Kindern, Lehrern und Schülern, philosophische und historische Fragen, Grundlagen von Ethik und Sozialverhalten, Geschäftsgebaren, naturwissenschaftliche Erkenntnisse, Medizin und persönliche Erlebnisse und Anekdoten wurden herangezogen, um auf der Basis der Gebote der Tora ein Gesellschaftssystem zu konstituieren, dessen sozialer und ethischer Charakter für die damalige Zeit als einzigartig und herausragend bezeichnet werden kann.

Inhaltliche Schwerpunkte

Die Amoräer setzten sich sowohl mit inhaltlichen als auch mit philologischen Problemen der Mischna auseinander.

Ein besonderes Augenmerk wurde hierbei auf die Definition der einzelnen Halachot gelegt. So wurden Maße und Einheiten für die Erfüllung der Mizwot definiert, für die die Mischna keine präzisen diesbezüglichen Angaben macht.

Die Amoräer entwickelten eine eigene, auf Diskussion und Diskurs aufgebaute Methode zur Analyse der Mischna und der daraus resultierenden Entscheidungsfindung.

Als Grundlage für die verschiedenen Entscheidungen dienten Zitate aus dem

תנ"ך (תורה נביאים כתובים) Tanach sowie die Analyse und der Vergleich der jeweiligen Präzedenzfälle, aus denen Halachot abgeleitet wurden.

Bei einigen Fällen, in denen verschiedene Mischnajot keine eindeutige Aussage trafen, wurde eine Entscheidung gefunden, die entweder auf den bereits erwähnten Baraijtot oder Aussagen anderer Amoräer aufbaute.

Widersprüche zwischen einzelnen Mischnajot oder zu Baraijtot wurden aufgelöst, indem jeder einzelne Fall vor seinem eigenen, spezifischen Hintergrund erörtert wurde und so seine eigene Bedeutung zugewiesen bekam.

Ein weiteres Mittel zur Entscheidungshilfe in verschiedenen Situationen war die Suche nach inhaltlichen Parallelen bzw. einem gemeinsamen Nenner.

So wurde ein System von Beispielfällen geschaffen, durch das zahlreiche Probleme in bestimmte Kategorien eingeordnet werden konnten und so die jeweiligen Entscheidungen leichter zu finden waren.

Die Traktate des Talmud

Talmud Jeruschalmi (Seitenzahl)	Talmud Bavli (Seitenzahl)	Themen (Auswahl in Stichpunkten)	מסכת Traktat

1. Ordnung: Sraim (Saaten)   זרעים

Talmud Jeruschalmi (Seitenzahl)	Talmud Bavli (Seitenzahl)	Themen (Auswahl in Stichpunkten)	מסכת Traktat
68	64	**Segenssprüche** Gebete, Lesung des Schma Jisrael, Gottesnamen	ברכות Brachot
37		Anordnungen über die **Ackerecken** als Armenrecht, milde Gaben	פאה Pea
34		**Zweifelhaftes**, Verhalten bei unklarer Verzehntung von Felderträgen	דמאי Dmai
44		**Vermischtes**, verbotene Kreuzungen v. verschiedenen Saaten, Pflanzen, Tieren	כלאים Kilaim
31		**Siebentjahr**, Ruhejahr, Schuldenerlass und Freilassung von Schuldsklaven	שביעית Schviit
59		**Abgaben** von Heben an die Priester	תרומות Trumot
26		Abgaben des **ersten Zehnten** an die landlosen Lewiten, Abgaben an Arme	מעשרות Maasrot
33		Abgabe des **zweiten Zehnten** (u. sein Hinbringen nach) in Jerusalem	מעשר שני Maaser scheni
28		**Teigabgabe**, Menge und Einzelheiten über die Teighebe	חלה Challa
20		**Ungeweihtes**, Verbot d. Baumfrucht bis zum vierten Jahr, Umgang mit Früchten	עורלה Orla
13		Abgabe der **Erstlingsfrüchte** und ihre Darbringung in Jerusalem	בכורים Bikurim

2. Ordnung: Moed (Festzeit)   מועד

Talmud Jeruschalmi (Seitenzahl)	Talmud Bavli (Seitenzahl)	Themen (Auswahl in Stichpunkten)	מסכת Traktat
92	157	Anordnungen für den **Schabbat**, verbotene Arbeiten	שבת Schabbat
65	105	**Vereinigung**, Verbindungen von Bereichen und Höfe für Schabbatwege	עירובין Eruvin
71	121	**Pessachopfer**, Vorbereitungen und Durchführung des Pessachfestes	פסחים Psachim

33		**Tempelsteuer** und seine Verwendung, Tempelinventar	שקלים Schkalim
42	88	**Jom Kippur**, Opfer, strenges Fasten, Rolle des Hohepriesters	יומא Joma
26	56	**Sukka**, Herstellung und Beschaffenheit der Sukka, Durchführung des Festes	סוכה Sukka
22	40	**Ei**, Anordnungen für allgemeine **Festtage**, Unterschiede zum Schabbat	ביצה Beiza
22	35	**Neujahrsfest**, Schofarblasen, Gebete am Neujahrsfest	ראש השנה Rosch ha- Schana
26	31	**Fastenzeit**, allgemeine Fastentage, Gebete um Regen	תענית Taanit
34	32	Lesung der **Esther-Rolle**, Texte für die gottesdienstlichen Vorlesungen	מגילה Megilla
19	29	**Halbfeiertage** ,Gesetze für die Halbfeiertage, Trauerzeit für Verstorbene	מועד קטן Moed katan
22	27	**Festfeier** der Wallfahrtsfeste (Pessach, Schawuot, Sukkot), Opfer	חגיגה Chagiga

3. Ordnung: Naschim (Frauen)   נשים

85	122	**Schwagerehe**, Eheverbote, Stellung der Proselyten, Tod des Ehemanns	יבמות Jevamot
72	112	**Eheverträge**, Summe, gegenseitige Pflichten, Recht der Frau	כתובות Ktubot
40	91	**Gelübde** u. ihre Aufhebung, ungültige Gelübde, Notlügen	נדרים Nedarim
47	66	**Nasiräergelübde**, Dauer, Aufhebung, Verunreinigung des Geweihten, Opfer	נזיר Nasir
47	49	**Ehebruchsverdächtigte**, Ermittlung der Schuld u. Strafe, Gesetze für den Krieg	סוטה Sota
54	90	**Scheidebriefe**, Überbringung, Beglaubigung, Rücknahme, Scheidungsgründe	גיטין Gittin
48	82	**Antrauung**, Verwandtschaftsbeziehungen Heirat und Heiratsbedingungen	קידושין Kiduschin

Talmud Jeruschalmi (Seitenzahl)	Talmud Bavli (Seitenzahl)	Themen (Auswahl in Stichpunkten)	מסכת Traktat

4. Ordnung: Nesikin (Schäden) נזיקין

Talmud Jeruschalmi (Seitenzahl)	Talmud Bavli (Seitenzahl)	Themen (Auswahl in Stichpunkten)	מסכת Traktat
44	119	**Erste Pforte**, Schäden, Diebstahl, Körperverletzungen, Schadensersatz	בבא קמא Bava Kama
37	119	**Mittlere Pforte**, Funde, Kauf u. Rücktritt, Pachten, Zinsen, Arbeitslöhne	בבא מציעא Bava Mezia
34	176	**Letzte Pforte**, Vermögen, Immobilien, Mobilien, Erbschaften, Bürgschaften	בבא בתרא Bava Batra
57	113	**Gerichtshof**, Richter, Zeugen, Prozessarten, Strafen	סנהדרין Sanhedrin
9	24	**Schläge**, Prügelstrafe, Totschlag, Asylstädte, Zahl der Schläge, Durchführung,	מכות Makot
44	49	Verschiedene Arten von **Schwüren** vor Gericht, Gelübdeeid, Zeugniseid	שבועות Schvuot
		Sammlung v. **Zeugnissen** späterer Gelehrter über Lehrsätze früherer Weisen	עדויות Edujot
37	76	Verbot d. **Götzendienstes**, Umgang mit Götzendienern, Götzenbild, Reinigung	עבודה זרה Avoda Sara
		Sprüche der **Väter**, moralisch-ethische Betrachtungen	אבות Avot
19	14	Irrtümliche **Lehren** u. **Entscheidungen** der Gerichtshöfe u. ihre Berichtigung	הוריות Horajot

	120	**Schlachtopfer**, Gesetze über das Tempelopfer, Rolle d. Priester	זבחים Svachim
	110	**Speiseopfer**, Gesetze über das Speiseopfer, Zizit, Tfillin	מנחות Menachot
	142	**Profanes**, Profanschlachtungen, reine u. unreine Tiere, Kaschrut, Abgaben	חולין Chulin
	61	Bedeutung der **Erstgeburten** für Mensch u. Tier	בכורות Bchorot
	34	**Schätzungen** der Beträge für Gelübde je nach Vermögenslage	ערכין Arachin
	34	**Umtausch** von Opfertieren, brauchbare u. unbrauchbare Teile des Opfertieres	תמורה Tmura
	28	Sünden, auf die die Strafe der **Ausrottung** steht, Schuldopfer	כרתות Kritot
	22	**Veruntreuung** von Geheiligtem, Umgang mit den geheiligten Gegenständen	מעילה Me`ila
	8	Tägliches **Brandopfer**, Aufgaben der Priester, Priestersegen	תמיד Tamid
		Maße, Architektur u. Inventar des Tempels, Tempelberg, Brandopferaltar	מידות Midot
		Vogelnester, Taubenopfer für Arme, durcheinandergeratene Opfervögel	קינים Kinim

Talmud Jeruschalmi (Seitenzahl)	Talmud Bavli (Seitenzahl)	Themen (Auswahl in Stichpunkten)	מסכת Traktat

6. Ordnung   Taharot (Reinheiten)   טהרות

Talmud Jeruschalmi	Talmud Bavli	Themen	מסכת Traktat
		Verschiedene **Geräte** u. Gegenstände und ihre Anfälligkeit für rituelle Unreinheit	כלים Kelim
		Zelte, Verunreinigung durch eine Leiche unter einem Dach	אוהלות Ohalot
		Plagen, Aussatzarten, Aussatz an Kleidern u. Häusern, Reinigung	נגעים Negaim
		Eigenschaften u. Zubereitung der roten **Kuh**, Beseitigung der Totenunreinheit	פרה Para
		Reinheiten, bzw. Unreinheiten und ihre Dauer, Berührung von Unreinem	טהרות Taharot
		Tauchbäder zur rituellen Reinigung, Maße, Bauart, Durchführung d. Badens	מקוות Mikwaot
13	73	**Menstruation** , Rituelle Unreinheit bei einer Menstruierenden	נידה Nida
		Empfänglichkeit für Unreinheit, Verunreinigung von Nahrungsmitteln	מכשירין Machschirin
		Die Ausflussbehafteten, Verunreinigung durch Ausfluss, Dauer, Beseitigung	זבים Savim
		Der am selben Tag Untergetauchte, Berührung v. Profanem u. Geheiligtem	טבול יום Tvul Jom
		Hände, Rituelle Unreinheiten, die von Rabbinern verhängt wurden	ידיים Jadaim
		Stiele u. Kerne von Früchten, die Möglichkeiten ihrer Verunreinigung	עוקצין Ukzin

Methodik des Talmudlernens

Um den klassischen Zugang zum Talmud nachzuvollziehen, ist es notwendig, die entsprechende Methodik zu untersuchen und zu verstehen. Ohne ein diesbezügliches Verständnis wird eine talmudische Sugija zu einem Irrgarten.

Die Mischna und die Weisheit der Tanaim sind der Ausgangspunkt der talmudischen Diskussion, dessen Gültigkeit nicht in Frage gestellt wurde.

Alle Ausgangspunkte, die die Mischna für die Diskussion durch die Gmara liefert, sind äußerst präzise umrissen. So behalten die grundlegenden *Paradigmen* ihre Gültigkeit und Nachvollziehbarkeit, teilweise bis zum heutigen Tage.

So ist es eine Voraussetzung, dass für die Analyse der Mischna durch die Amoräer die Wortwahl im Einzelnen als beabsichtigt angesehen wurde. Ebenso wurde davon ausgegangen, dass die Vermeidung bzw. das Auslassen einzelner Worte und die Reihenfolge, in der Sachverhalte dargestellt wurden, ein beabsichtigtes Stilmittel war, um besondere Problematiken deutlich zum Ausdruck zu bringen.

Dies ist die typische talmudische Methodik, die einen Stil des Lernens zur Folge hat, der als „dijuk" (דיוק) bezeichnet wird.

In Passagen, in denen die Tannaim der Mischna sich scheinbar widersprachen, versuchten die Amoräer, diese Widersprüche auf verschiedene Präzedenzfälle zu beziehen, sodass diese Widersprüche ausgeglichen wurden.

So scheint das Streben der Amoräer stets darauf gerichtet zu sein, selbst für scheinbar widersprüchliche Aussagen eine Allgemeingültigkeit zu beweisen.

Anspruch der Mischna war es, stets neue und orginäre Gedankengänge einzuführen.

Für den Fall, dass eine der mischnäischen Aussagen den Eindruck erweckt, sie sei auch ohne Kenntnis der Mischna schon intellektuell vorher nachvollziehbar gewesen, bzw. dies sei schon an anderer Stelle zu finden, stellt die Gmara sofort eine der beiden Fragen „Pschita" (פשיטא aramäisch: einfach) oder „mai ka maschama lan"(מאי קא משמע לן aramäisch: was sagt uns dies).

Als Antwort wird davon ausgegangen, dass man sogar aus dieser Wiederholung, bzw. Überflüssigkeit etwas Neues lernt, was vorher noch nicht direkt zum Ausdruck gebracht wurde.

Sprache und Begrifflichkeit

Die Sprache des babylonischen Talmud ist das Aramäisch der babylonischen Region ארמית בבלית , mit dem damaligen Hebräisch durchsetzt.
Ein weiteres Charakteristikum sind einige immer wiederkehrende aramäische Redewendungen, von denen die häufigsten im Folgenden erklärt werden.

Quellenangaben:

Ktiv, כתיב   **Kra, קרא**
Weisen auf eine Quelle aus dem *T´nach* hin.

Tnan, תנן   **Tanja, תניא**   **Tanna, תנא**
Verweis auf eine Quelle aus Mischna oder Berajta

Amar, אמר   **Amrinan, אמרינן**
Steht vor einer Aussage der Amoräer

Savar, סבר   **Mistabra, מסתברא**
Logische Rückschlüsse ohne Quellenangaben

Kaschia, קשיא   **Raminhu, רמינהו**
Widerspüche zwischen tannaitischen Quellen, oder zwischen Mischna und Berajita

Meitivei, מיתיבי   **Eitivei, איתיבי**
Widersprüche zwischen Mischna und Amoräern, oder Berajita und Amoräern

Hachi Kamar, הכי קאמר
Neue Schlussfolgerung nach vorhergehender Analyse

Hacha bemai askinan, הכא במאי עסקינן Lo schanu ela, לא שנו אלא
Einschränkungen eines Sachverhalts

Teda, תדע
Beweisführung auf Grund nichtbiblischer Quellen

Daika nami, דיקא נמי   **Dektani,** דקתני
Beweis auf Grundlage des vorhergehenden Texts

Anordnung des babylonischen Talmud

Die Anordnung und Reihenfolge des Talmud folgt scheinbar keinen didaktischen oder methodischen Regeln.

Die Reihenfolge und Anordnung innerhalb des Talmud folgt einer Logik, die als assoziativ bezeichnet werden kann. Ideen oder Themen werden verknüpft durch ähnliche inhaltliche Elemente. So können z.B. innerhalb einer Fragestellung Argumente auftauchen, die die Diskussion unvermittelt zu einem anderen Thema überleiten.

Dies führte zu einer Verkettung von Themen, bzw. Argumentationsfolgen, die auf den ersten Blick nicht nachvollziehbar erscheint.

Ausgangspunkt der talmudischen Diskussion ist stets die Mischna. Diese wird in der Auseinandersetzung vertieft und erweitert. Im Laufe dieses Prozesses wird auch auf andere Themen eingegangen, deren Bezugspunkt zur ursprünglichen Mischna nicht inhaltlicher, sondern argumentativer Natur sind. Die Verknüpfung erfolgt hier also nicht über rein inhaltliche Zusammenhänge, sondern durch die Logik des Zugangs.

Alle bekannten Bezugspunkte, die mit einer Fragestellung in Zusammenhang stehen, werden zur Analyse des Problems herangezogen.

Da bei der Vertiefung eines Ausgangsproblems, aus den oben geschilderten Gründen, Gedankensprünge von einer Problematik zur nächsten erfolgen können, besteht die Möglichkeit, dass der inhaltliche Schwerpunkt sich im Laufe der Diskussion sehr weit vom Ausgangspunkt entfernt.

Allerdings wird die Diskussion schließlich stets zur Fragestellung, die diese Diskussionsfolge ausgelöst hat, zurückgeführt.

Konsequenz daraus ist eine Vertiefung mehrerer Problematiken, sowohl der Ausgangsfrage als auch der Fragen, die im Laufe der Auseinandersetzung behandelt werden.

Die Redaktion des Talmud erfolgte nicht in einem fließenden Zug.

Ausgangspunkt waren die frühen Amoräer, deren Arbeit von den folgenden Generationen schrittweise fortgesetzt, ergänzt und vervollständigt wurde.

Die Nachfolger der ersten Amoräer bearbeiteten die erörterten Probleme einiger Sugijot immer wieder aufs Neue, sodass in diesen Fällen eine Neuordnung und Vertiefung bis ins äußerste Detail stattfand.

Die wichtigsten Beiträge zur endgültigen Konzeption der Sugijot lieferten Abbaje (אביי) aus Pumbedita und Rava (רבא) aus Mechosa im 4. Jahrhundert und R. Aschi (אשי) aus Sura im 5. Jahrhundert.

Über den Zeitpunkt der endgültigen Redaktion des Talmud gibt es verschiedene Auffassungen; es kann jedoch davon ausgegangen werden, dass dieser Prozess spätestens im 8. Jahrhundert der allgemeinen Zeitrechnung beendet wurde.

Veränderungen fanden ab diesem Zeitpunkt keinen Eingang mehr, allerdings wurden noch eine Reihe von Zusätzen und Ergänzungen aufgenommen.

Handschriften und Druck

In der gaonitischen Periode zwischen dem 7. und dem 11. Jahrhundert wurde der Talmud auswendig gelernt und tradiert.

In jedem der Lehrhäuser gab es sogenannte „Girssaei" גרסאי, deren Aufgabe es war, die Traktate auswendig wiederzugeben, sodass sie gelernt und vertieft werden konnten.

Der babylonische Talmud wurde während dieser Periode auch schriftlich fixiert, allerdings nur außerhalb Babylons, z.B. in Nordafrika, Spanien und in Teilen Europas.

Ab dem 12. Jahrhundert lagen mehrere handschriftlich verfasste Talmudausgaben vor.

Mit der Einführung des Buchdrucks erschienen auch die ersten gedruckten Ausgaben, so zum Beispiel im Jahr 1520 in Venedig.

Diese Ausgabe aus Venedig bildete die Grundlage für alle späteren Drucke, sodass die Blattzählung und Numerierung aller später aufgelegten Talmudausgaben bis zum heutigen Tage exakt mit ihr übereinstimmen.

Struktur einer Talmudseite

Die ersten Drucke

Die äußere Form des heutigen Talmud, seine Blattaufteilung wie auch die Gestalt der einzelnen Seite wurden schon mit der ersten, vollständig gedruckten Talmudausgabe festgelegt, die 1520 in Venedig erschien. Schon in dieser Ausgabe wurden der Kommentar von RaSCH"I auf der Innenseite der Blätter sowie die Tossafot auf der Außenseite mit abgedruckt. Auch wenn alle späteren Drucke nach dem Muster der ersten Ausgabe des Talmud angefertigt wurden, fügte man im Laufe der Zeit weitere Bemerkungen, Kommentare und Verweise hinzu, die in den einzelnen Kolumnen neben dem eigentlichen Talmudtext erscheinen. Die bekannteste und genaueste Talmudausgabe, die viele wichtige Bemerkungen und Interpretationshilfen enthält, ist die Wilnaer Ausgabe aus dem Jahr 1880, die von der Witwe und den Brüdern Rom herausgegeben wurde. Die heutigen Ausgaben orientieren sich in der Regel am Text der Wilnaer Ausgabe, verfügen jedoch über kritische Anmerkungen, in denen Varianten aus zahlreichen Handschriften berücksichtigt werden.

Die Blattzählung

Den Anfang einer Talmudausgabe bildet das Titelblatt, das als Motiv ein Tor zeigt, welches Angaben über die Herausgeber und Bearbeiter, den Druckort und das Jahr enthält. Im Zentrum der Seite erscheint der Name des Traktats in fett gedruckten Großbuchstaben.
Erst mit dem folgenden Blatt beginnt die Seitenzählung. Auf dieser Seite befindet sich oben nochmals der Name des Traktats, gefolgt von allen in dieser Ausgabe enthaltenen Kommentaren und Zusätzen. Die Gmara selbst beginnt auf der zweiten Seite des ersten Blatts
Jedes Blatt des Talmud verfügt über eine linke Seite, die Vorderseite (recto), und eine rechte Seite, die Rückseite (verso). Die Vorderseite wird als Amud alef (עמוד א') bezeichnet und mit ע"א oder in den Querverweisen der Tossafot und RaSCH"I mit der Blattzahl und einem kleinen Punkt (z.B. סוכה דף ב. - Sukka Blatt

2a) abgekürzt. Dementsprechend ist die Rückseite   Amud bet
(עמוד ב') und wird mit ע"ב oder mit der Blattzahl und einem
Doppelpunkt (z.B. בבא קמא דף לא׳: - Baba Kama Blatt 31b) abgekürzt.

In der obersten, nach außen gekehrten Ecke der Vorderseite werden die Blätter in hebräischen Lettern gezählt. An der gleichen
Stelle auf der Rückseite erscheint die Seitenzahl in arabischen
Ziffern. Der Zahlenwert der Seitenzählung in arabischen Ziffern
auf der Rückseite beträgt immer das Doppelte des Zahlenwerts
der hebräischen Seitennumerierung auf der Vorderseite.

Die erste Seite des babylonischen Talmud

מסכת

סוכה

מן

תלמוד בבלי

עם פירוש רש"י , תוספות , ותוספות ישנים , ופסקי תוספות , רבינו אשר , קצור פסק
הרא"ש לבנו רבינו יעקב בעל הטורים ז"ל , והגהות אשרי"י מהרא"ם מקרעמזי ז"ל , ופירוש המשניות
להרמב"ם ז"ל . פירוש רבינו שמשון משאנ"ץ ז"ל ופירוש רבינו אשר ז"ל למשניות סדר זרעים וטהרות .
מבוא התלמוד לרבינו שמואל הנגיד הלוי ז"ל , ועליו נלוה קצור כללי התלמוד מלוקט מספרי הכללים ע"י הג"מ יהודה
אריה ליב ז"ל דיין בפפד"מ . מסורת הש"ס , עין משפט (מראה בקומות הדינים בפוסקים הראשונים) , ונר מצוה (סמני מנין
הדינים שנסמנו בעין משפט). ותורה אור , על כל סדר וחיבר הג"מ יהושע בועז ז"ל בעה"מ שלטי הגבורים להר"י . וחלופי גרסאות.
הגהות לש"ס והוספות במסורת הש"ס ועין משפט להג"מ יוסף שמואל ז"ל אבד"ק פפד"מ (נמ"ש : בש"ם אמ"ד ופפד"מ
בשנות תע"ד – תפ"א) . והגהות ותוספות מראה מקומות להג"מ ישעיה ברלין (פיק) ז"ל אבד"ק ברעסלויא , ומוספים בהצאי רבוע .
ועליהם נוספו

(ועוד נוספו בו מעלות וחוספות רבות עם עלינו אשר הוצאנו רשותנו משנת הקנ ה , והוצאא השניה משנה תרנ"ב) .

וראה זה הדש הוא אשר הוספנו בו על כל אלה

יותר ממאה הוספות חדשות נכבדות

כוללות פירושים חדושים והגהות והנהות מרבנן גאוני קדמאי ובתראי רובם היו גנוזים עד כה בכתב יד בגנזי הספרים
אשר להממשלות או ליחידים זה בכה וזה בכה , עין הדפוס לא שזפתם עוד . ונקבים בשמותיהם מעבר לדף הזה :

ווילנא

בדפוס והוצאות האלמנה והאחים ראם

שנת נוטלים לולב בכל שבעה לפ"ק

Die Seitenüberschrift

Die Seitenüberschrift erscheint in Quadratschrift über der Mitte
der Seite. Die Seitenüberschrift bezeichnet zunächst den Namen
des Kapitels (z.B. סוכה - Sukka), dann die Zahl des Kapitels (z.B.
פרק ראשון - erstes Kapitel) und schließlich den Namen des
Traktates (z.B. סוכה - Sukka). In unserem Beispiel ist der Name
des Kapitels mit dem Namen des Traktates identisch.

Der Text der Mischna und Gmara

Die Texte der Mischna (משנה) und Gmara (גמרא) befinden sich in
der Mitte der Seite und sind von einem kleinen weißen Rahmen
umgeben, um den herum sich die Kommentare und Interpretationshilfen gruppieren. Der Beginn eines Traktates wird dadurch
angezeigt, dass das erste Wort große Lettern und eine Verzierung
hervorgehoben wird. Wenn auf der Seite eine neue Mischna beginnt, erscheint vorher der Hinweis 'מתני, eine Abkürzung des
aramäischen Wortes „Matnitin" (מתניתין), was „unsere Mischna"
heißt. Auch der Beginn der Gmara wird durch ein Zeichen ange-
deutet, nämlich durch 'גמ, eine Abkürzung des Wortes גמרא.
Am Ende jeder Seite befindet sich ein einzelnes Wort, Kustode
genannt, welches ein Hinweis auf die Fortsetzung des Textes auf
der nächsten Seite ist.

Die Hinweiszeichen

Taucht in der Mischna, der Gmara und den kommentierenden
Texten ein Doppelpunkt auf, so entspricht er dem in heutigen
Texten verwendeten Punkt. Ein einzelner Punkt entspricht der
Bedeutung unseres Kommas'. In den Texten der Mischna und der
Gmara tauchen gelegentlich runde Klammern auf. Dies ist ein
Hinweis auf andere Versionen, in denen diese Stellen fehlen oder
anders formuliert wurden. Normalerweise befindet sich ein Stern-
chen in den Klammern, welches anzeigt, dass es hierfür eine Er-
klärung in Massoret ha-Scha"S (s. u.) gibt.

Wenn dieses Sternchen fehlt, gibt es eine alternative Lesart. Diese ist dann paralell zu der Klammer am Rand der Seite zu finden. Dort wird auch die Quelle für diese Alternative genannt.

Eckige Klammern im Text der Mischna und Gmara sind ein Hinweis auf Zusätze zur ersten Ausgabe. Diese Klammern sind Ergänzungen, die anhand von Handschriften oder anderen Quellen vorgenommen wurden.

Kringel im Text von Mischna oder Gmara sind ein Hinweis auf „Tora Or" (s.u.), während kleine Buchstaben vor einem Wort ein Verweis auf „Ein Mischpat, Ner Mizwa" (s. u.) sind.

Eeine Seite des babylonischen Talmud

עין משפט
נר מצוה

מסורת הש"ס

סוכה שהיא גבוהה למעלה מעשרים אמה פסולה ורבי יהודה מכשיר ושאינה גבוהה עשרה טפחים ושאין לה (*שלשה) דפנות ישראל מה שהיא מרובה מצלתה פסולה: **גמ׳** תנן התם *מבוי שהוא גבה מעשרים אמה מאי שנא גבי סוכה דתני פסולה ומאי שנא גבי מבוי דתני תקנתא תני תקנתא דאורייתא תני פסולה מבוי דרבנן נמי תני תקנתא מידה סוכה דלא נפיש מילתה תני פסולה מנה"מ *אמר רבה דאמר קרא *למען ידעו דורותיכם כי בסכות הושבתי את בני ישראל עד עשרים אמה אדם יודע שהוא דר בסוכה למעלה מעשרים אמה אין אדם יודע שהוא דר בסוכה משום דלא שלטא בה עינא רבי זירא אמר *מהכא וסכה תהיה לצל יומם מחורב עד עשרים אמה אדם יושב בצל סוכה למעלה מעשרים אמה אין אדם יושב בצל סוכה אלא בצל דפנות א"ל אביי אלא מעתה *העושה סוכתו בעשתרות קרנים הכי נמי דלא הוי סוכה איכא צל סוכה הכא דל דפנות ליכא צל סוכה ורבא אמר מהכא *בסכות תשבו שבעת ימים *אמרה תורה כל שבעת הימים צא מדירת קבע ושב בדירת עראי עד עשרים אמה אדם עושה דירתו דירת עראי למעלה מעשרים אמה אין אדם עושה דירתו דירת עראי אלא דירת קבע א"ל אביי אלא מעתה עשה מחיצות של ברזל וסכך על גבן הכי נמי דלא הוי סוכה א"ל הכי קאמינא לך כי אמה גובה של עשרים אמה למעלה מעשרים אמה דאדם עושה דירתו דירת עראי דירת קבע כי עביד ליה דירת עראי נמי נפיק

רבינו חננאל

אמר ט׳ קלת קשה לנו למען ידעו וכו׳

כולה

מדרבנן וסכה תהיה לצל לגל הכתי׳ נמי מזרח וממזרח

Eeine Seite des babylonischen Talmud

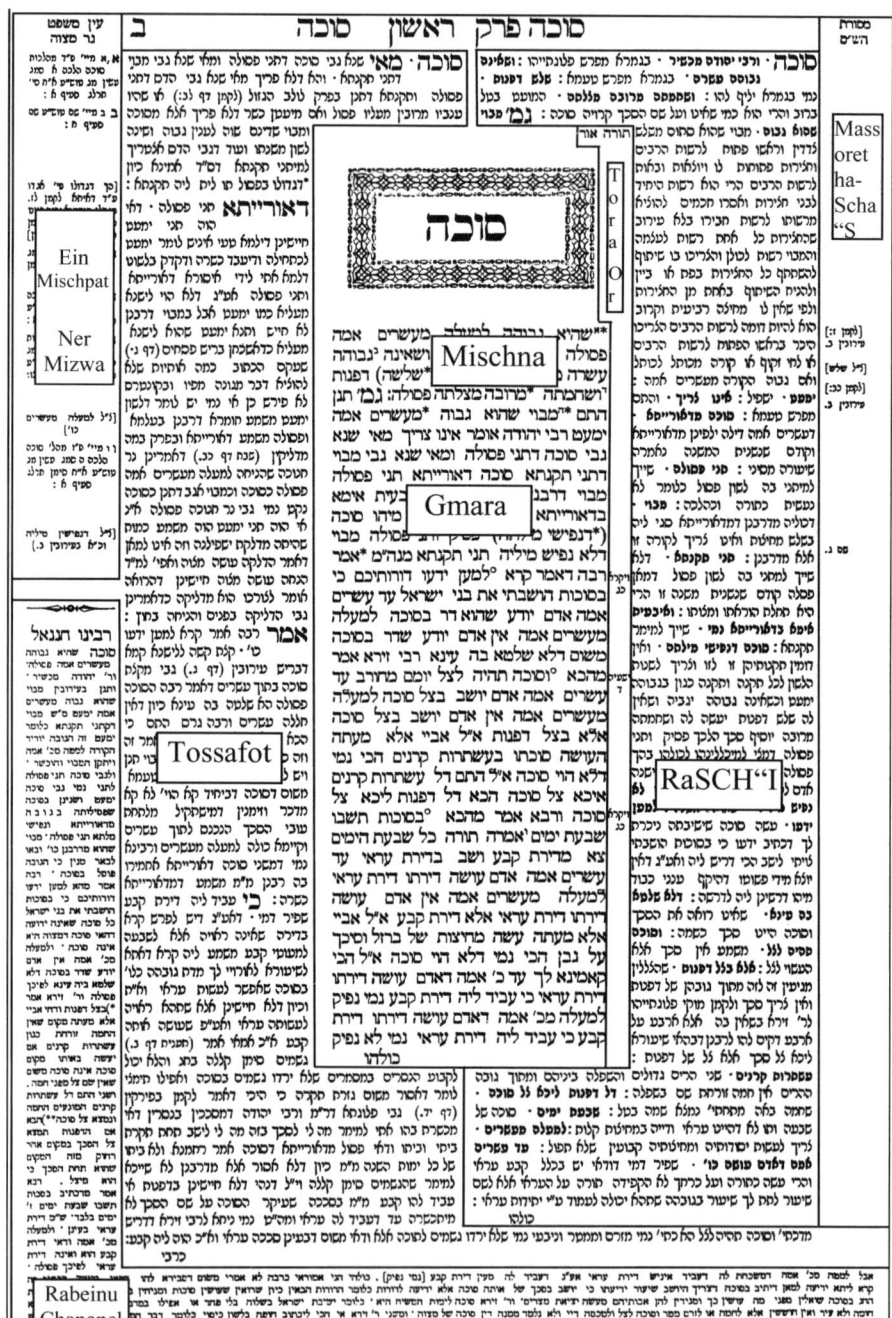

Der Kommentar RaSCH"I`s

Der Kommentar RaSCH"Is (רש"י) befindet sich in allen Talmudausgaben neben dem Text der Gmara auf der Innenseite des Blattes und wird grundsätzlich in der sogenannten RaSCH"I-Schrift wiedergegeben. Bevor die Auslegung zu einem spezifischen Abschnitt einsetzt, wird der betreffende Text kurz zitiert. Das Ende des Zitates wird durch einen Punkt, das Ende des Kommentars durch einen Doppelpunkt angezeigt. In einigen Ausgaben wird das Zitat für eine schnellere Orientierung des Lesers durch Fettdruck hervorgehoben.

RaSCH"I, mit vollem Namen Rabbi Schlomo ben Jizchak (שלמה בן יצחק), wurde 1040 in Troyes/Frankreich geboren und starb dort im Jahre 1105. Als Schüler wurde er von den Gelehrten R. Jaakow ben Jakar, R. Jizchak ben Jehuda in Mainz und R. Jizchak ben Eleasar ha-Lewi in Worms unterwiesen. Nach seiner Rückkehr nach Troyes gründete er um 1070 ein eigenes Lehrhaus, das bald zu den wichtigsten Lehrhäusern der Zeit zählen sollte.

RaSCH"I, einer der bedeutendsten Ausleger überhaupt, kommentierte den größten Teil des Talmud und konnte dabei auf einige Unterlagen seiner Lehrer zurückgreifen. Jedoch fertigte er zu einigen Traktaten nur Teilkommentare an, so z. B. zum Traktat Bava Batra, das später von seinem Enkel und Schüler Rabbi Schmuel ben Meir, auch RaSCHBa"M (רשב"ם ca. 1085-1174) genannt, ergänzt wurde. Darüber hinaus wurden ihm auch einige Kommentare zugeschrieben, wie z.B. zum Traktat Taanit, die nicht aus seiner Hand, sondern der seiner Schüler stammen.

Der Talmudkommentar RaSCH"Is ist ein außerordentliches Kunstwerk, dass zunächst dem Anfänger hilft, die einzelnen Suggiot (סוגיות) besser zu verstehen, dem Fortgeschrittenen aber versteckte Antworten auf Fragen gibt, die während der Auseinandersetzung mit einem Abschnitt entstehen können. Der Kommentar zeichnet sich durch seine Kürze aus, beeindruckt durch seine wunderbare Klarheit und pedantische Genauigkeit. In diesem Kommentar nimmt RaSCH"I Verbesserungen ungenauer Textstellen vor, definiert Begriffe, übersetzt aramäische Ausdrücke, erklärt das Kernproblem, beleuchtet die Struktur der Suggiot, fügt

Bemerkungen hinzu und erläutert feststehende Standardformulierungen der Gmara.

Innerhalb des RaSCH"I-Kommentars tauchen gelegentlich runde Klammern mit einem kurzen Text auf, der in einer noch kleineren RaSCH"I-Schrift widergegeben wird als der Kommentartext selbst. Es handelt sich hierbei um Quellenangaben und Querverweise, die jedoch nicht von RaSCH"I, sondern von späteren Gelehrten angefertigt wurden.

Tossafot

Die Tossafot (תוספות) befinden sich immer auf der Außenseite der Seite unmittelbar neben der Gmara und werden normalerweise auch in der sogenannten RaSCH"I-Schrift wiedergegeben. Wie beim RaSCH"I-Kommentar, so wird auch hier zunächst die betreffende Textstelle zitiert und dann erläutert. Das erste Wort des zitierten Abschnittes erscheint hier in großen, quadratischen Lettern.

Die Tossafot sind eine Gemeinschaftsarbeit von späteren Schülern RaSCH"Is, die seinem Kommentar weitere Erklärungen und Bemerkungen hinzufügten. Im Laufe der Zeit wurden sie umfangreicher, tiefgehender und bildeten sich als eine eigenständige Auslegung zur Gmara heraus, in der sich die Diskussionen dieser Zeit widerspiegeln. Damit legten sie ein beeindruckendes Zeugnis der Lernmethoden und der konzentrierten Lernatmosphäre im Frankreich und Deutschland des 12. und 13. Jahrhunderts ab. Zu den bekanntesten Tossafisten gehören der oben schon erwähnte RaSCHBa"M, R. Jaakov ben Meir (Rabeinu Tam ca. 1100 - 1171), R. Jizchak ben Schmuel von Dampierre (R"I, starb um 1185), R. Jizchak ben Ascher (RIB"A, ca. 1050- 1110) und Meir ben Baruch von Rothenburg (MaHaRa"M, ca. 1215- 93).

Auch innerhalb der Tossafot tauchen gelegentlich runde Klammern mit einem kurzen Text auf, in einer noch kleineren RaSCH"I-Schrift als der Kommentartext. Es handelt sich hierbei um Quellenangaben und Querverweise, die jedoch nicht zum eigentlichen Text der Tossafot gehören, sondern von späteren Gelehrten hinzugefügt wurden.

Der Kommentar von Chananel ben Chuschiel

Ein Teil der Traktate der Wilnaer Ausgabe enthält auch einen Kommentar R. Chananels, der sich in einer schmalen Kolumne, meist am äußersten Rand der Seite befindet und seine in Quadratschrift wiedergegebenen Erläuterungen enthält und mit Rabeinu Chananel (רבינו חננאל) überschrieben ist. Je nachdem wie die verschiedenen Texteinheiten auf der Seite angeordnet sind, findet der Kommentar seine Fortsetzung in einem nach innen gerichteten rechten Winkel unter dem RaSCH"I-Text und dem Text der Tossafot.

Rabbenu Chananel ben Chuschiel (ca. 990-1050) lebte in Nordafrika und verfasste den ersten Talmudkommentar überhaupt. Sein Vater, der auch sein Lehrer war, hatte noch bei den Geonim (גאונים) in Babylon gelernt.

Die Periode der Geonim wird vom 7. bis zum 11. Jahrhundert datiert.

Ein Mischpat, Ner Mizwa

Über dem Kommentar von R. Chananel befinden sich Ein Mischpat (עין משפט) Ner Mizwa (נר מצוה) in RaSCH"I-Schrift. Ein Mischpat Ner Mizwa ist ein Verzeichnis der wichtigsten halachischen Werke, die den entsprechenden Gegenstand der Mischna und Gemara diskutieren. Ein Mischpat Ner Mizwa verweist auf folgende Kodizes:

- a.) Jad ha-Chasaka, auch Mischne Tora genannt, das aus der Feder Mosche ben Maimons (1135- 1204) stammt.
- b.) Sefer Mizwot Gadol von R. Mosche ben Jaakov von Coucy (13. Jahrh.)
- c.) Arbaa Turim von R. Jaakov ben Ascher (ca. 1270- 1340)
- d.) Schulchan Aruch von R. Josef Karo (1488- 1575)

In der Regel bezieht sich die Quellenangabe auf die Lehrmeinung, die zur Halacha wurde. Zu Beginn jedes einzelnen Verweises von Ein Mischpat Ner Mizwa erscheinen zwei hebräische Lettern in Quadratschrift. Mit dem ersten und größeren Buchstaben werden die Verweise eines ganzen Kapitels gezählt. Mit einem neuen Kapitel setzt also die Zählung wieder mit dem ersten Buchstaben des hebräischen Alphabetes ein. Der zweite, kleinere

Buchstabe dient als Fußnotenzeichen und taucht im Text der Gmara auf. Die Zählung der Fußnoten beginnt auf jeder Seite von vorne. Dieser Apparat wurde von R. Joschua Boaz ben Schimon Baruch angefertigt, der im 16. Jahrh. lebte und sich nach seiner Vertreibung aus Spanien in Italien niederließ.

Ein Mischpat bezieht sich auf die kleinen Buchstaben und Ner Mizwa auf die Großbuchstaben. Ein Mischpat stellt einen Verweis auf gleiche Themen an anderen Stellen des Talmud Bawli dar, wo sie tiefer gehend bearbeitet werden.

Ner Mizwa war als Verweisapparat auf Vertiefungen des jeweiligen Themas konzipiert. Allerdings wurde diese Arbeit nie völlig fertiggestellt.

Eckige Klammern in dem Kasten von Ein Mischpat Ner Mizwa gehören nicht dazu, sondern vielmehr zu Massoret ha-Scha"S.

Tora Or

Der Apparat Tora Or (תורה אור) befindet sich in einer engen Spalte zwischen der Gmara und RaSCH"I. Sein Verfasser, der oben erwähnte R. Joschua Boaz, ermittelte die biblischen Quellen, auf die sich die Gmara stützt. Spätere Bearbeiter haben die Verweise teilweise verbessert und ergänzt. Als Fußnote im Text der Gmara dient hier ein kleiner Kringel. Die genannten Stellen der Bibel bezeichnen das Buch sowie das Kapitel. Wurde die Quelle unmittelbar zuvor erwähnt, so wird die Stellenangabe nicht wiederholt. Stattdessen erscheint hier das Wörtchen שם, was „dort" heißt und „ebenda" entspricht.

Massoret ha-Scha"S

Massoret ha-Scha"S (מסורת הש"ס) erscheint in der innersten Kolumne der Seite und auf der ihr gegenüber liegenden Stelle, wird meistens in der RaSCH"I-Schrift wiedergegeben und wurde von R. Joschua Boaz verfasst.

In den Texten der Mischna und Gmara tauchen gelegentlich kleine Sternchen und manchmal runde Klammern auf. Die Sternchen weisen auf Massoret ha-Scha"S hin, die wiederum auf Parallelstellen in anderen Talmudtraktaten hindeutet.

Die angeführten Parallelstellen erwähnen zunächst das Traktat, die Blattzahl sowie die Seite. Die runden Klammern im Text der Mischna oder der Gmara weisen auf einen problematischen Abschnitt hin, der nach anderen Talmudversionen in einer alternativen Lesart oder gar nicht erscheint. Die abweichende Textstelle wird zusammen mit der Quelle an den Rändern der Seite angeboten. Handelt es sich dabei um eine Textkorrektur, so wird die Verbesserung durch die Abkürzung צ"ל von zarich lihijot צריך לומר oder zarich lomar צריך להיות eingeleitet, was soviel bedeutet wie „Es müßte ... heißen".

Die eckigen Klammern der Massoret ha-Scha"S deuten auf spätere Zusätze hin, die von R. Jeschaja ben Jehuda Löb Berlin (auch: Jeschaja Pick, 1725- 1799) angefertigt wurden.

Die weiter oben erwähnten eckigen Klammern, die sich auch an anderen Seiten des Blattes finden, gehören ebenfalls zu Massoret ha-Scha"S.

Weitere wichtige Kommentare

Hagahot ha-Ba"CH

Der Verfasser der *Hagahot ha-Ba"CH* (הגהות הב"ח) ist R. Joel Sirkes (1561- 1640), der auch unter der Abbreviatur Ba"CH bekannt wurde und als einer der größten Talmudgelehrten Polens gilt.

Hagahot Ha-Gr"A

Der Verfasser der Hagahot Ha-Gr"A (הגהות הגר"א) war einer der größten charismatischen Gelehrten der neueren Zeit, R. Elijahu ben Schlomo Salman (1720- 1797), auch „der Gaon von Wilna" genannt, dessen Hagahot Ähnlichkeiten zu dem oben erwähnten Beit Chadasch zeigt.

Gilajon ha-Scha"S

Gilajon ha-Scha"S (גליון הש"ס) ist ein Anmerkungsapparat, in dem die Parallelen thematisch verwandter Suggiot sowie Stellen mit abweichenden Lesarten verzeichnet sind. R. Akiva Iger (Eiger, 1761- 1837), Rabbiner von Posen.

Anhänge

Hilchot ha RO"SCH

In seinem Werk Hilchot ha RO"SCH (הלכות הרא"ש) 1250- 1327, fasste R. Ascher ben Jechiel (1250- 1327) die halachischen Entscheidungen früherer Kommentare zusammen. Nach der Inhaftierung seines Lehrers, dem bereits oben schon erwähnten Meir von Rothenburg (MaHaRa"M), wurde RO"SCH eine anerkannte Geistesgröße des Judentums im aschkenasischen Bereich.

Kizur Piskei ha-Rosch (קצור פסקי הרא"ש)

Zusammenfassung halachischer Entscheidungen aus Piskei ha-Rosch durch Rabbi Jaakow (1270 –1343), Sohn des ha-Rosch.

Perusch ha-Mischnajot la Rambam (פרוש המשניות לרמב"ם)

Mischnakommentar von Rambam. Sein erstes bedeutendes Werk, bekannt geworden unter dem Namen Sefer ha-Maor.

Ma ha-Rschal (מהרש"ל)

Geschrieben von Rabbi Shlomo Luria, Rabbiner von Lublin im 16. Jahrhundert.

Ma ha-Rscha (מהרש"א)

Von Shmuel Elieser Edels, Rabbi von Ostra (Polen) im 16. Jahrhundert.

Ma ha-Ram (מהר"ם)

Von Rabbi Meir aus Lublin, 16. Jahrhundert.

Chiduschei ha-Raschasch (חדושי הרש"ש)

Von Rabbi Shmuel Strauß, Vilna 19. Jahrhundert.

Wichtigste halachische Werke

Hilchot ha-Rif (הלכות הרי"ף)
Herausgegegben von Rabbi Jizchak al-Fassi (1013-1103), Spanien und Nordafrika.

Hilchot ha-Ran (הלכות הר"ן)
Kommentar von Rabbenu Nissim ben Reuwen aus Gerona, 14. Jh.

Nimukei Josef (נמוקי יוסף)
Kommentar zu Rif von Rabbi Josef Chabiba, Spanien 15. Jh.

Inhalt und Quellen des palästinischen Talumd

Quellen und Themen des palästinischen Talmud sind größtenteils dieselben wie die des babylonischen Talmud.

Der auffälligste Unterschied ist in der Ordnung Sraim zu finden. Während der babylonische Talmud hieraus nur die Massechet Brachot behandelt, erfasst der palästinische die gesamte Ordnung. Die Ordnung Sraim bezieht sich auf Bestimmungen für die Landwirtschaft, die an das Land Israel gebunden sind.

Dies kann als Hinweis darauf gewertet werden, dass die Weisen des palästinischen Talmud selbst mit der Landwirtschaft verbunden waren.

Im palästinischen Talmud sind sehr wenige babylonische Amoräer zitiert, mit Ausnahme einiger der ersten dieser Gruppe.

Die Sprache des palästinischen Talmud ist das Aramäisch, wie es damals in Israel gesprochen wurde.

Dieser Talmud wurde in vier Zentren des damaligen Israel zusammengetragen:

Tiberias, Sepphoris, Caesarea und Lod.

Anordnung des palästinischen Talmud

Der Aufbau der Sugijot entspricht nicht dem lebendigen Dialog des babylonischen Talmud.

Die Quellen wurden nicht intensiv miteinander verglichen und eventuelle Widersprüche nicht bearbeitet. Einige der auftretenden Probleme wurden nicht zu einer Lösung gebracht.

Es wurde ebenfalls kein System von feststehenden Redewendungen entwickelt, wie es im babylonischen Talmud der Fall war. Dort dienten diese Begriffe dazu, auch sehr komplexe Sachverhalte in Kürze zu klären (Siehe: Baylonischer Talmud; Sprache und Begrifflichkeit, S. 51).

An der Erarbeitung des palästinischen Talmud waren mehrere Generationen von Gelehrten beteiligt, sodass auch nicht von einer Endredaktion ausgegangen werden kann. Vielmehr handelte es sich auch hier um einen sehr langfristigen Prozess, ähnlich wie in Babylon.

Der palästinische Talmud war für die Bewohner dieser Region konzipiert. Diese studierten ihn intensiv und leiteten die für sie relevanten Halachot aus dem palästinischen Talmud ab.

Titelblatt des palästinischen Talmud

משנה Mischna

רבי נחוניא בן הקנה היה מתפלל בכניסתו לבית המדרש וביציאתו תפלה
קצרה. אמרו לו : מה מקום לתפלה זו אמר להם : בכניסתי אני מתפלל שלא
יארע דבר תקלה על ידי, וביציאתי אני נותן הודאה על חלקי.

גמרא Gmara

(1.) תנו רבנן : בכניסתו מהו אומר? יהי רצון מלפניך ה' אלהי שלא יארע
דבר תקלה על ידי, ולא אכשל בדבר הלכה וישמחו בי חברי, ולא אומר על
טמא טהור ולא על טהור טמא, ולא יכשלו חברי בדבר הלכה ואשמח
בהם. (2.) ביציאתו מהו אומר? מודה אני לפניך ה' אלהי ששמת חלקי
מיושבי בית המדרש ולא שמת חלקי מיושבי קרנות, שאני משכים והם
משכימים - אני משכים לדברי תורה והם משכימים לדברים בטלים, אני
עמל והם עמלים- אני עמל ומקבל שכר והם עמלים ואינם מקבלים שכר,
אני רץ והם רצים- אני רץ לחיי העולם הבא והם רצים לבאר שחת.

Tfilat Ha Schachar   Brachot   Kapitel 4   Blatt 28b

Mischna

„Rabbi Nechunja ben Hakana pflegte bei seinem Eintritt in das
Lehrhaus und bei seinem Herausgehen ein kurzes Gebet zu beten.
Sie sagten zu ihm ´Was ist der Grund für dieses Gebet`? Er sagte
zu ihnen: ´Bei meinem Eintritt bete ich, dass sich durch mich kein
Schaden [am Studium der Tora] ereigne, bei meinem Herausge-
hen zolle ich Dank für meinen Anteil` .“

Gmara

(1.) „Die Lehrer lehrten: Was sagt er bei seinem Eintreten? Möge es dein Wille sein, Herr, mein Gott, dass sich kein Schaden [am Torastudium] durch mich ereigne, dass ich nicht in einer halachischen Angelegenheit strauchle, und dass sich meine Mitgelehrten an mir erfreuen; dass ich das Unreine nicht für rein erkläre und das Reine nicht für unrein, und dass nicht meine Mitgelehrten in einer halachischen Angelegenheit straucheln und ich mich an ihnen erfreue. (2.) Was sagt er bei seinem Herausgehen? Ich danke dir, Herr, mein Gott, dass du [mir] meinen Anteil unter den Bewohnern [Lernenden] des Lehrhauses hast zukommen lassen und meinen Anteil nicht unter die an der Ecke Sitzenden [Müßiggänger] gegeben hast, sodass ich früh aufstehe und sie früh aufstehen: Ich stehe früh auf zu Dingen der Tora, sie [aber] stehen früh auf zu nichtigen Dingen. Ich mühe mich ab, und sie mühen sich ab: Ich mühe mich ab und erhalte Lohn, sie [aber] mühen sich ab und erhalten keinen Lohn. Ich laufe, und sie laufen: Ich laufe zum Leben in der kommenden Welt, sie [aber] laufen zur Grube des Verderbens.“

Erklärung

(1.) „Die Lehrer lehrten: Was sagt er bei seinem Eintreten? Möge es dein Wille sein, Herr, mein Gott, dass sich kein Schaden [am Torastudium] durch mich ereigne, dass ich nicht in einer halachischen Angelegenheit strauchle, und dass sich meine Mitgelehrten an mir erfreuen; dass ich das Unreine nicht für rein erkläre und das Reine nicht für unrein, und dass nicht meine Mitgelehrten in einer halachischen Angelegenheit straucheln und ich mich an ihnen erfreue.“

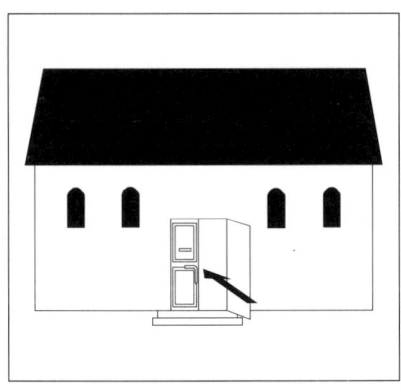

In der Mischna wird Rabbi Nechunja ben Hakana gefragt, warum er beim Betreten und Verlassen des Lehrhauses jeweils ein kurzes Gebet spricht. Dahinter verbirgt sich die Auffassung, dass die Lernenden sich bereits durch das Studium der Tora selbst schützen, ihnen also keine Gefahr von außen droht. Wozu ist also ein Gebet notwendig? Die Fragenden werden darüber belehrt, dass das gemeinsame Lernen der Tora durch den Einzelnen beeinträchtigt werden kann, indem er sich nicht entsprechend konzentriert oder in halachischen Entscheidungen schwerwiegende Fehler begeht oder verursacht und dadurch seine Mitgelehrten irritiert. Entsprechend der Tradition soll daher derjenige, der das Lehrhaus zum Torastudium betritt, zuvor obiges Bittgebet verrichten.

(2.) „Was sagt man bei seinem Herausgehen? Ich danke dir, Herr, mein Gott, dass du [mir] meinen Anteil unter den Bewohnern [Lernenden] des Lehrhauses hast zukommen lassen und meinen Anteil nicht unter die an der Ecke Sitzenden [Müßiggänger] gegeben hast, so dass ich früh aufstehe und sie früh aufstehen: Ich stehe früh auf zu Dingen der Tora, sie [aber] stehen früh auf zu nichtigen Dingen. Ich mühe mich ab, und sie mühen sich ab: Ich mühe mich ab und erhalte Lohn, sie [aber] mühen sich ab und erhalten keinen Lohn. Ich laufe, und sie laufen: Ich laufe zum Leben in der kommenden Welt, sie [aber] laufen zur Grube des Verderbens."

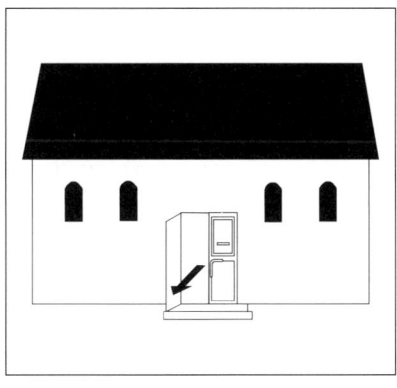

Der Tradition zufolge soll man nach Abschluss des Toralernens Gott für die Gemeinschaft mit den anderen Toralernenden danken. Das Wort „chelek" (חלק) bedeutet „Teil". Es bezieht sich auf das „teil haben" am Studium im physischen Sinne. Ebenso erfasst es aber auch den persönlichen Teil, den Gewinn und das persönliche Wachstum durch das Studium der Tora. Denn schließlich trägt jeder mit seinen verschiedenen Gaben zum individuellen Fortschritt im Studium bei. Während es dem Einen eher liegt, mehr in die Tiefe des Gegenstandes zu dringen und seinen Mitlernenden verborgene Aspekte zu eröffnen, vermag der Andere eher die Gesamtheit des Stoffes im Auge zu behalten. Auf diese Weise erhält der Einzelne seinen persönlichen Anteil in und an dem Studium der Tora. Den Dank hierfür bringt das obige Gebet zum Ausdruck. Gleichzeitig hat dieses Gebet einen individuellen Charakter, da der persönliche Gewinn am Studium von Mensch zu Mensch unterschiedlich ausfällt.

Halacha

Die Halacha entspricht der Anweisung von Rabbi Nechunja ben Hakana.
Rambam „Ahawa" Hilchot Brachot, Kapitel 6; 623– 624

Quelle in der Tora

וְדָנִיֵּאל כְּדִי יְדַע דִּי רְשִׁים כְּתָבָא עַל לְבַיְתֵהּ וְכַוִּין פְּתִיחָן לֵהּ בְּעִלִּיתֵהּ נֶגֶד
יְרוּשְׁלֶם וְזִמְנִין תְּלָתָה בְיוֹמָא הוּא בָּרֵךְ עַל בִּרְכוֹהִי וּמְצַלֵּא וּמוֹדֵא קֳדָם
אֱלָהֵהּ כָּל קֳבֵל דִּי הֲוָא עָבֵד מִן קַדְמַת דְּנָה.

דניאל ו', י"א

ל, ע"ב	פרק ה	ברכות	אין עומדין

משנה Mischna

אין עומדין להתפלל אלא מתוך כובד ראש. חסידים הראשונים היו שוהין
שעה אחת ומתפללין, כדי שיכוונו לבם לאביהם שבשמים. אפילו המלך
שואל בשלומו לא ישיבנו, ואפילו נחש כרוך על עקבו לא יפסיק.

לב, ע"ב	פרק ה	ברכות	אין עומדין

גמרא Gmara

(1.) "אפילו המלך שואל בשלומו לא ישיבנו". אמר רב יוסף: לא שנו אלא
למלכי ישראל אבל למלכי אומות העולם פוסק. (2.) מיתיבי: המתפלל
וראה אנס בא כנגדו, ראה קרון בא כנגדו- לא יהא מפסיק אלא מקצר
ועולה! (3.) - לא קשיא: הא - דאפשר לקצר יקצר,ואם לאו - פוסק. (4.)
תנו רבנן: מעשה בחסיד אחד שהיה מתפלל בדרך, בא הגמון אחד ונתן לו
שלום ולא החזיר לו שלום, המתין לו עד שסיים תפלתו. לאחר שסיים
תפלתו אמר לו: ריקא, והלא כתוב בתורתכם "רק השמר לך ושמור נפשך"
וכתיב "ונשמרתם מאד לנפשותיכם" כשנתתי לך שלום למה לא החזרת לי
שלום! אם הייתי חותך ראשך בסייף מי היה תובע את דמך מידי?! אמר
לו: המתן לי עד שאפייסך בדברים. אמר לו: אילו היית עומד לפני מלך
בשר ודם ובא חברך ונתן לך שלום- היית מחזיר לו?!- אמר לו: לאו. ואם
היית מחזיר לו, מה היו עושים לך?- אמר לו: היו חותכים את ראשי בסייף.
אמר לו: והלא דברים קל וחומר; ומה אתה שהיית עומד לפני מלך בשר
ודם שהיום כאן ומחר בקבר- כך, אני שהייתי עומד לפני מלך מלכי
המלכים הקדוש ברוך הוא שהוא חי וקיים לעד ולעולמי עולמים- על אחת
כמה וכמה! מיד נתפייס אותו הגמון, ונפטר אותו חסיד לביתו לשלום.

Quelle in der Tora

„Und als Daniel erfuhr, dass die Schrift unterzeichnet war, ging er in sein Haus; seine Fenster hatte er in seinem Gemach gegen Jerusalem geöffnet, und dreimal am Tag (zur festgesetzten Zeit) fiel er auf seine Knie, und betete und dankte vor seinem Gott, so wie er es zuvor getan hatte." Dan. 6, 11.

Ein Omdin   Brachot   Kapitel 5   Blatt 30b

Mischna

„Man stelle sich, um zu beten, nicht anders hin als mit dem schweren Ernst des Hauptes. Die ersten Frommen[1] verweilten [zuvor] eine Stunde und beteten [erst danach], um ihr Herz auf ihren Vater im Himmel auszurichten. Sogar wenn der König jemanden den Gruß bietet, erwidere man ihm [dem König] nicht; und sogar wenn sich eine Schlange um seine Fersen windet, soll er das (Gebet)nicht unterbrechen."

---

[1] Der Ursprung der *Chassidim rischonim* (die ersten Frommen) dürfte in der Zeit der hellenistischen Reformen um 175–170 v. Z. zu suchen sein. Diese Frommen, eine Notgemeinschaft verschiedener Gruppen, die sich dem Religionsverbot hellenistischer Gruppen energisch widersetzten, flohen während des makkabäischen Krieges (167–163 v. Z.) zunächst in kaum zugängliche Wüstengebiete und schlossen sich dann den Makkabäern an. Den Frommen war die Einhaltung des Schabbats wichtiger als die Verteidigung ihres Lebens. Nachdem aber eine ihrer Gruppen an einem Schabbat bei einem Überfall von assyrischen Truppen ohne Gegenwehr getötet worden waren, entschlossen sie sich zum aktiven Widerstand. Aus den *Chassidim rischonim* gingen später die Pharisäer und das rabbinische Judentum hervor.

Gmara

(1.) „Sogar wenn der König jemandem den Gruß bietet, erwidere man ihm [dem König] nicht." Es sagte Rav Josef: ´Dies lehrten sie nur in Bezug auf Könige Israels; aber bei den Königen aus den Nationen der Welt unterbreche man [das Gebet doch]´. (2.) Man wandte ein: ´Betet jemand und sieht einen Gewalttäter auf sich zu kommen, [oder] sieht einen Wagen auf sich zu kommen, so unterbreche er [das Gebet] nicht, sondern verkürze [es] und entweiche´!? (3.) Das ist kein Problem [Widerspruch]. Wenn es möglich ist [es] zu verkürzen, so verkürze man [es], und wenn nicht, so unterbreche man [es]. (4.) Es lehrten die Rabbanan: Es geschah einmal einem Chassid [Frommen], dass er auf dem Weg betete, und als ihm ein Hegemon[2] entgegen kam und ihn grüßte, und er [der Fromme] ihm den Gruß nicht erwiderte, er solange wartete, bis dass er sein Gebet beendet hatte. Nachdem er sein Gebet beendet hatte, sagte er [der Hegemon] zu ihm: ´[Du] Hohlkopf, steht nicht in eurer Tora geschrieben: *nur behüte dich und beschütze deine Seele;*[3] und steht [nicht auch]: *und achtet sehr auf euch um eurer Seelen willen*[4]? Warum hast du mir, als ich dich grüßte, den Gruß nicht erwidert? Wenn ich deinen Kopf mit einem Schwert abschlagen würde, wer würde dein Blut von meiner Hand fordern´!? Er sagte zu ihm: ´Warte etwas, bis dass ich dich mit Worten besänftigt habe´. Er [der Fromme] sagte zu ihm: ´Wenn du vor einem König aus Fleisch und Blut stehen würdest und dein Freund käme und würde dich grüßen, würdest du ihm [den Gruß] erwidern´? Er [der Hegemon] sagte: ´Nein´. ´Und wenn du ihn erwidern würdest, was würde man dir antun´? Er sagte zu ihm: ´Man würde mir mit einem Schwert den Kopf abschlagen´. Er sagte zu ihm: ´Diese Dinge kann man [aus dem

---

[2] Stammesfürst, regionale Autorität
[3] Dtn. 4,9.
[4] Dtn. 4,15.

hermeneutischen Schluss] vom Leichteren auf das Schwerere folgern. Und wenn du vor einem König aus Fleisch und Blut stehen würdest, der heute [noch] hier und morgen [schon] im Grab ist, [so würdest du] so [handeln]; um wie vielmehr ich, der ich vor dem König aller Könige, vor dem Heiligen, gepriesen sei er, gestanden habe, der in alle Ewigkeiten lebt und besteht`! Sofort ließ sich der Hegemon durch ihn besänftigen, und der Fromme verabschiedete sich von ihm in Frieden nach seinem Haus."

Erklärung

(1.) „Sogar wenn der König jemandem den Gruß bietet, erwidere man ihm [dem König] nicht." Es sagte Rav Josef: ´Dies lehrten sie nur in Bezug auf Könige Israels; aber bei den Königen aus den Nationen der Welt unterbreche man [das Gebet doch]`.
Im Zentrum der Erörterung steht die Schmone- esre, das Achtzehngebet. Die Aussage der Mischna, dass der Betende den Gruß nicht erwidern darf, wird von Rav Josef auf die Situation bezogen, in der der Betende von einem jüdischen König begrüßt wird. Wenn der Betende von einem nichtjüdischen König begrüßt wird, soll er sein Gebet beenden und zurückgrüßen. Diese Anweisung geht davon aus, dass hier keine Gefahr besteht, da auch ein jüdischer König der Halacha unterworfen ist und seine jüdischen Untertanen an der Erfüllung der Halacha nicht hindern wird. Dagegen sieht das bei einem nichtjüdischen König ganz anders aus. Wenn der Betende dem nichtjüdischen König nicht die entsprechende Ehre erweisen würde, müsste er mit den entsprechenden Konsequenzen rechnen und würde so sein Leben einer unmittelbaren Gefahr aussetzen.

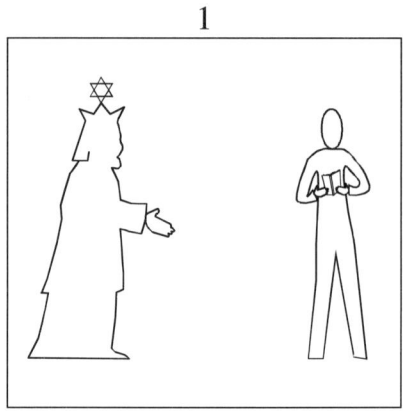

1

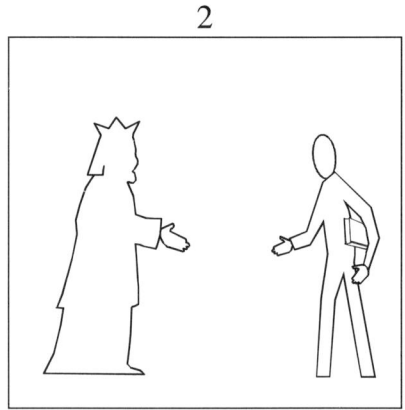

2

(2.) „ Man wandte ein: ´Betet jemand und sieht einen Gewalttäter auf sich zu kommen, [oder] sieht einen Wagen auf sich zu kommen, so unterbreche er [das Gebet] nicht, sondern verkürze [es] und entweiche`!?“

Gegen die Ausführungen von Rav Josef wird ein Einwand gefunden, der anhand von zwei Fällen erklärt wird. Obwohl die Situation in beiden Fällen für den Betenden gefährlich werden könnte, bricht er sein Gebet nicht ab, sondern verkürzt es. Hier wird zunächst darauf hingewiesen, dass in allen drei Fällen die Gefahr ähnlich bedrohlich erscheint. Demzufolge sollte derjenige, der vom nichtjüdischen König gegrüßt wird, sein Gebet nicht beenden, sondern vielmehr verkürzen.

(3.) „Das ist kein Problem [Widerspruch]. Wenn es möglich ist [es] zu verkürzen, so verkürze man [es], und wenn nicht, so unterbreche man [es]."

Für die Gmara ist das kein wirklicher Widerspruch. Wenn der Betende eine Möglichkeit hat, das Gebet zu verkürzen, sollte er die Möglichkeit wahrnehmen, wie etwa bei dem Beispiel mit dem Gewalttäter oder dem Wagen. Ist die Gefahr so groß, dass sie eine Kürzungsmöglichkeit nicht mehr erlaubt, wie im beschriebenen Fall mit den Königen der Nationen, darf das Gebet abgebrochen werden.

1

2

(4.) „Es lehrten die Rabbanan: Es geschah einmal einem Chassid [Frommen], dass er auf dem Weg betete, und als ihm ein Hegemon entgegen kam und ihn grüßte, und er [der Fromme] ihm den Gruß nicht erwiderte, er solange wartete, bis dass er sein Gebet beendet hatte. Nachdem er sein Gebet beendet hatte, sagte er [der

Hegemon] zu ihm: ´[Du] Hohlkopf, steht nicht in eurer Tora geschrieben: *nur behüte dich und beschütze deine Seele*;[5] und steht
[nicht auch]: *und achtet sehr auf euch um eurer Seelen willen?*[6]
Warum hast du mir, als ich dich grüßte, den Gruß nicht erwidert?
Wenn ich deinen Kopf mit einem Schwert abschlagen würde, wer
würde dein Blut von meiner Hand fordern`!? Er sagte zu ihm:
´Warte etwas, bis dass ich dich mit Worten besänftigt habe`. Er
[der Fromme] sagte zu ihm: ´Wenn du vor einem König aus
Fleisch und Blut stehen würdest und dein Freund käme und würde dich grüßen, würdest du ihm [den Gruß] erwidern`? Er [der
Hegemon] sagte: ´Nein`. ´Und wenn du ihn erwidern würdest,
was würde man dir antun`? Er sagte zu ihm: ´Man würde mir mit
einem Schwert den Kopf abschlagen`. Er sagte zu ihm: ´Diese
Dinge kann man [aus dem hermeneutischen Schluss] vom Leichteren auf das Schwerere folgern. Und wenn du vor einem König
aus Fleisch und Blut stehen würdest, der heute [noch] hier und
morgen [schon] im Grab ist, [so würdest du] so [handeln]; um
wieviel mehr ich, der ich vor dem König aller Könige, vor dem
Heiligen, gepriesen sei er, gestanden habe, der in alle Ewigkeiten
lebt und besteht`! Sofort ließ sich der Hegemon durch ihn besänf-
tigen, und der Fromme verabschiedete sich von ihm in Frieden
nach seinem Haus."

Die Aussage der Erzählung ist leicht verständlich und bedarf
deshalb keiner ausführlichen Erklärung. Wenn man schon einem
irdischen König mit der notwendigen Ehrerbietung entgegentritt
und sich dabei nicht von einem Freund abhalten lässt, weil dies
die Konsequenz des eigenen, irdischen Todes zur Folge hätte, um
wieviel mehr sollte man dem Ewigen die ungeteilte Ehrerbietung
zuteil werden lassen, da eine Nichtbeachtung den Verlust des
irdischen und ewigen Lebens zur Folge haben könnte.
Ma"HaRSchA (מהרש"א, Morenu ha- Rav Rabbi Schmuel Edels,
1555-1631) stellt hier die Frage, warum dieser Chassid (חסיד) sein
Achtzehngebet nicht unterbrochen hat, obwohl es die Gmara unter Punkt 1.) ausdrücklich erlaubt. Ma"HaRSchA bemerkt hierzu,
dass in diesem Fall die unmittelbare Gefahr nicht so groß war,

---

[5] Dtn. 4, 9.
[6] Dtn. 4, 15.

dass der Abbruch des Gebetes (oder eine Verkürzung) gerechtfertigt gewesen wäre. Für diese Annahme spricht das Verhalten des Hegemons, der von Anfang an dem Frommen zugehört hat. Möglicherweise kannten die beiden sich schon länger. Zudem scheint man den Hegemon (הגמון) nicht als einen König, sondern lediglich als einen Machthaber von geringerer Bedeutung anzusehen, der über wesentlich weniger Macht verfügt.

Schautafel

Nichtjüdischer König	König Israels	Gewalttäter, dem man nicht ausweichen kann	Gewalttäter, dem man ausweichen kann
Das Gebet kann abgebrochen werden.		Das Gebet kann abgebrochen werden.	
			Das Gebet kann verkürzt werden.
	Das Gebet muss fortgesetzt werden.		

Halacha

Derjenige, der das Achtzehngebet betet, hat sein Gebet nicht zu unterbrechen. Dies gilt auch dann, wenn er von einem jüdischen König gegrüßt wird. Wenn er von einem nichtjüdischen König gegrüßt wird, ist es erlaubt, das Gebet zu unterbrechen und zurückzugrüßen. Gibt es eine Möglichkeit, das Gebet zu verkürzen und der Begegnung auszuweichen, muss er diese bevorzugen.

Wenn jemand während des Gebetes bemerkt, dass ein Gewalttätiger oder ein Wagen auf ihn zukommt, so soll er, wenn es möglich ist, das Gebet verkürzen und ausweichen. Ist diese Möglichkeit nicht gegeben, so kann er das Gebet abbrechen.

(Joseph ben Efraim Karo: Schulchan Aruch, Orach Chaim, Kap. 104, § 1- 2.)

Quelle in der Tora

בַּסֻּכֹּת תֵּשְׁבוּ שִׁבְעַת יָמִים כָּל הָאֶזְרָח בְּיִשְׂרָאֵל יֵשְׁבוּ בַּסֻּכֹּת. לְמַעַן יֵדְעוּ דֹרֹתֵיכֶם כִּי בַסֻּכּוֹת הוֹשַׁבְתִּי אֶת בְּנֵי יִשְׂרָאֵל בְּהוֹצִיאִי אוֹתָם מֵאֶרֶץ מִצְרָיִם אֲנִי יְהֹוָה אֱלֹהֵיכֶם.

ויקרא כ"ג, מ"ב-מ"ג

<table>
<tr><td>סוכה</td><td>סוכה</td><td>פרק א</td><td>ב' , ע"א</td></tr>
</table>

משנה Mischna

סוכה שהיא גבוהה למעלה מעשרים אמה- פסולה, ורבי יהודה מכשיר. ושאינה גבוהה עשרה טפחים, ושאין לה שלשה דפנות, ושחמתה מרובה מצלתה- פסולה.

גמרא Gmara

(1.) מנא הני מילי? (2.) אמר רבה: דאמר קרא "למען ידעו דורותיכם כי בסוכות הושבתי את בני ישראל", עד עשרים אמה- אדם יודע שהוא דר בסוכה, למעלה מעשרים אמה- אין אדם יודע שדר בסוכה, משום דלא שלטא בה עינא. (3.) רבי זירא אמר: מהכא "וסוכה תהיה לצל יומם מחורב", עד עשרים אמה- אדם יושב בצל סוכה, למעלה מעשרים אמה- אין אדם יושב בצל סוכה, אלא בצל דפנות. (4.) אמר ליה אביי: אלא מעתה, העושה סוכתו בעשתרות קרנים, הכי נמי דלא הוי סוכה?! (5.) אמר ליה: התם, דל עשתרות קרנים- איכא צל סוכה, הכא דל דפנות- ליכא צל סוכה. (6.) ורבא אמר: מהכא "בסוכות תשבו שבעת ימים". אמרה תורה: כל שבעת הימים צא מדירת קבע ושב בדירת עראי. עד עשרים אמה- אדם עושה דירתו דירת עראי, למעלה מעשרים אמה- אין אדם עושה דירתו דירת עראי, אלא דירת קבע. (7.) אמר ליה אביי: אלא מעתה,עשה מחיצות של ברזל וסיכך על גבן-הכי נמי דלא הוי סוכה?! (8.) - אמר ליה הכי קאמינא לך: עד עשרים אמה, דאדם עושה דירתו דירת עראי, כי עביד ליה דירת קבע- נמי נפיק. למעלה מעשרים אמה, דאדם עושה דירתו דירת קבע, כי עביד ליה דירת עראי- נמי לא נפיק.

Quelle in der Tora

„In Hütten sollt ihr wohnen sieben Tage; alle Einwohner in Israel sollen wohnen in Hütten. Damit eure Geschlechter wissen, dass ich in Hütten habe wohnen lassen die Kinder Israel während meines Herausführens aus dem Lande Mizraim. Ich bin der Ewige, euer Gott."
Lev. 23,42-43.

| Sukka | Sukka | Kapitel 1 | Blatt 2a |

Mischna

"Eine Sukka, die über zwanzig Ellen hoch ist, ist [halachisch] untauglich, und Rabbi Jehuda erklärt sie für [halachisch] tauglich; [eine Sukka,] die keine zehn Handbreit hoch ist und keine drei Wände hat und deren Hitze größer als ihr Schatten ist [, die keinen Schatten gewährt], ist [halachisch] untauglich."

Gmara

(1.) „Woher stammen diese Worte? (2.) Rabba sagte: Die Schrift sagt: *Damit eure Geschlechter wissen, dass ich in Hütten habe wohnen lassen die Kinder Israel.*[7] [Bei einer Sukka] bis zwanzig Ellen merkt der Mensch, dass er in einer Hütte wohnt. Ist sie höher als zwanzig Ellen, merkt der Mensch nicht, dass er in einer Hütte wohnt, weil das Auge die Hütte [das Dach der Hütte] nicht erfasst. (3.) Rabbi Sera sagte: Hieraus [lässt sich mit dem Vers]: *Und eine Hütte wird sein als Schatten am Tage vor der Glut*[8] [Folgendes begründen: Bei einer Sukka] bis zwanzig Ellen sitzt der Mensch im Schatten der Sukka [des Hüttendaches]. Ist sie höher als zwanzig Ellen, so sitzt der Mensch nicht im Schatten

---

[7] Lev. 23, 43.
[8] Jes. 4, 6.

85

der Sukka [des Hüttendaches], sondern im Schatten der Wände. (4.) Abaje sprach zu ihm: Aber demnach folgt doch, wenn jemand seine Sukka in den Aschterot-Karnaim errichtet, diese auch keine [halachisch taugliche] Sukka ist? (5.) Dieser [Rabbi Sera] sagte zu ihm: Bei dieser dort gibt es, wenn du die Aschterot-Karnaim entfernst, einen Schatten der Sukka [des Hüttendaches], bei dieser hier [die höher als zwanzig Ellen ist,] gibt es, wenn du die Wände entfernst, keinen Schatten der Sukka [des Hüttendaches]. (6.) Rava sagte: Hieraus [Folgendes lässt sich mit dem Vers begründen]: *In Hütten sollt ihr wohnen sieben Tage.*[9] Die Tora sagt [damit]: Die ganzen sieben Tage sollst du aus der permanenten Wohnung herausgehen und in einer vorübergehenden Wohnung wohnen. Bis zwanzig Ellen errichtet der Mensch seine Wohnung als provisorische Wohnung, über zwanzig Ellen errichtet sich kein Mensch seine Wohnung als provisorische Wohnung, sondern als eine permanente Wohnung. (7.) Sagte Abaje zu ihm: Aber demnach folgt doch, wenn jemand Wände aus Eisen macht und deckt über diese das Dach [aus natürlichen Materialien], diese auch keine [halachisch taugliche] Sukka ist? (8) Dieser [Rava] sagte zu ihm: So sage ich dir: Bis zwanzig Ellen errichtet der Mensch [normalerweise] seine Wohnung als provisorische Wohnung; wenn er auch eine permanente Wohnung gemacht hat, so genügt er seiner Pflicht. Über zwanzig Ellen errichtet der Mensch [normalerweise] eine permanente Wohnung; auch wenn er eine vorübergehende Wohnung errichtet hat, so genügt er seiner Pflicht nicht."

Erklärung

1.) „Woher stammen diese Worte?"
Woher lässt sich die Anweisung der Mischna entnehmen, dass die Sukka nicht höher als zwanzig Ellen sein darf?

2.) „Rabba sagte: Die Schrift sagt: *Damit eure Geschlechter wissen, dass ich in Hütten habe wohnen lassen die Kinder Israel.* [Bei einer Sukka] bis zwanzig Ellen merkt der Mensch, dass er in einer Hütte wohnt. Ist sie höher als zwanzig Ellen, merkt der

---

[9] Lev. 23, 42.

Mensch nicht, dass er in einer Hütte wohnt, weil das Auge die Hütte [das Dach der Hütte] nicht erfasst."

Rabba folgert diese Anweisung aus Lev. 23,43. Wie der sich anschließenden Ausführung zu entnehmen ist, legt er einen besonderen Wert auf das Wort „wissen" [ידעו]. Bei einer Sukka, die höher als zwanzig Ellen ist, kann der Mensch nicht ohne Weiteres wissen, dass er sich in einer Sukka befindet. In diesem Fall könnte er die mit der Sukka verbundene Pflicht nicht erfüllen! Die Höhe von zwanzig Ellen wird hier als die maximale Höhe angegeben, in der das Dach der Sukka im natürlichen Blickwinkel des Menschen auftaucht.

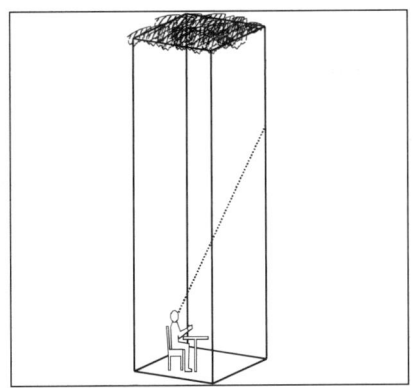

3.) „Rabbi Sera sagte: Hieraus [lässt sich mit dem Vers]: *Und eine Hütte wird sein als Schatten am Tage vor der Glut* [Folgendes begründen: Bei einer Sukka] bis zwanzig Ellen sitzt der Mensch im Schatten der Sukka [des Hüttendaches]. Ist sie höher als zwanzig Ellen, so sitzt der Mensch nicht im Schatten der Sukka [des Hüttendaches], sondern im Schatten der Wände."

Rabbi Sera möchte mit Jes. 4,6 begründen, warum das Dach der Sukka unbedingt Schatten werfen muss. Der Zweck der Sukka besteht darin, dem Menschen Schutz vor der Glut des Tages zu geben. Die entscheidende Bedeutung nimmt dabei das Dach der Sukka ein, das aus natürlichen Materialien angefertigt sein muss. Das Wort Sukka סוכה ist mit dem Verb S`chach סכך „bedecken" verwandt. Wenn nun die Sukka höher als zwanzig Ellen ist, wird der Zweck der Sukka verfehlt, weil man die meiste Zeit des Tages eher im Schatten der hohen Wände, als im Schatten des Daches sitzt. Lediglich um die Mittagszeit, wenn die Sonne unmittelbar senkrecht über der Sukka steht, dürfte ihr Dach etwas Schatten spenden. Doch dies genügt dem eigentlichen Zweck nicht und aus diesem Grund ist sie halachisch nicht tauglich.

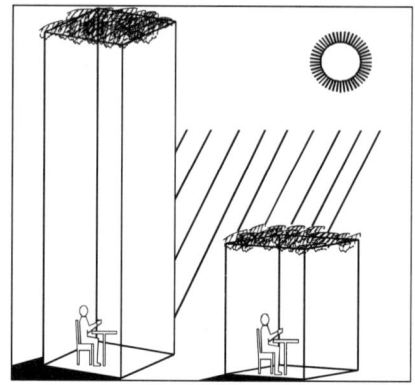

4.) „Abaje sprach zu ihm: Aber demnach folgt doch, wenn jemand seine Sukka in den Aschterot- Karnaim errichtet, diese auch keine [halachisch taugliche] Sukka ist?"

Aschterot- Karnaim[10] wird mit der großen Stadt Aschterot der Refaiter identifiziert, deren Ruinen sich jenseits des Jordans, ca. 30 km östlich vom See Genezareth und nördlich vom Jarmuk im heutigen Syrien befinden. Aus der Beschreibung geht hervor, dass sich der Platz in einem tiefen Tal zwischen zwei Bergen befindet, die so hoch sind, dass fast keine Sonne hineinfällt. In diesem Zusammenhang möchte nun Abaje von Rabbi Sera wissen, wie seiner Logik nach der Fall aussieht, wenn man eine Sukka unter zwanzig Ellen in diesem Tal errichten würde und man nun wegen der hohen Berge weniger im Schatten der Sukka, sondern vielmehr im Schatten der Berge sitzt. Würde das bedeuten, das derjenige, der nun in dieser Sukka sitzt, seine Pflicht nicht erfüllt und die Sukka halachisch untauglich ist?

---

[10] Vgl. Gen. 14,5.

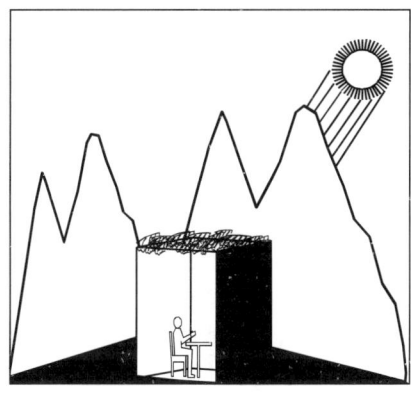

5.) „Dieser [Rabbi Sera] sagte zu ihm: Bei dieser dort gibt es, wenn du die Aschterot- Karnaim entfernst, einen Schatten der Sukka [des Hüttendaches], bei dieser hier [die höher als zwanzig Ellen ist,] gibt es, wenn du die Wände entfernst, keinen Schatten der Sukka [des Hüttendaches]."

Rabbi Sera erklärt seine Ansicht damit, dass wenn man diese Berge herausnehmen würde, das Dach der Sukka doch einen Schatten werfen würde. Mit anderen Worten heißt dies, dass die Berge ein Kriterium darstellen, dass nicht unmittelbar die Sukka selbst betrifft, sondern von der natürlichen Topographie abhängig, also äußerer Art ist. In diesem Fall ist die Sukka an sich koscher und damit die Pflicht erfüllt, obwohl derjenige, der in dieser Sukka sitzt, sich im Schatten der Berge befindet. Bei einer Sukka, die höher als zwanzig Ellen ist, wirft das Dach der Sukka auch dann keinen Schatten, wenn man die Wände herausnehmen würde. In diesem Fall ist die Sukka an sich nicht koscher und damit die Pflicht nicht erfüllt.

6.) „Rava sagte: Hieraus [Folgendes lässt sich mit dem Vers begründen]: *In Hütten sollt ihr wohnen sieben Tage.* Die Tora sagt [damit]: Die ganzen sieben Tage sollst du aus der permanenten Wohnung herausgehen und in einer vorübergehenden Wohnung wohnen. Bis zwanzig Ellen errichtet der Mensch seine Wohnung als provisorische Wohnung, über zwanzig Ellen errichtet sich kein Mensch seine Wohnung als provisorische Wohnung, sondern als eine permanente Wohnung."

Rava liegt es am Herzen in seiner Begründung auf die Bedeutung des Wortes Sukkot סוכות hinzuweisen. Er möchte also den provisorischen Charakter der „Hütte" betonen, deren flüchtige Konstruktion eine Haltbarkeit von sieben Tagen gewährleistet. Deutlich erkennbar soll damit an die flüchtig errichteten Hütten während des Auszugs aus Ägypten erinnert werden. Die Konstruktion einer Sukka über zwanzig Ellen bedarf einer besonderen Stabilität. Dadurch wird aber der eigentliche Zweck der Sukka als Gegenstand der Erinnerung verfehlt, da eine feste Konstruktion die sieben Tage bei weitem überdauert. Aus diesem Grunde wird sie halachisch für untauglich erklärt.

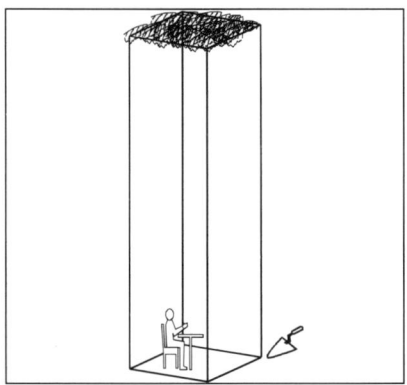

7.) „Sagte Abaje zu ihm: Aber demnach folgt doch, wenn jemand Wände aus Eisen macht und deckt über diese das Dach [aus natürlichen Materialien], diese auch keine [halachisch taugliche] Sukka ist?"

Abaje stellt nun die Frage, ob eine Sukka mit eisernen Wänden und einem Laubdach, deren Höhe aber weniger als zwanzig Ellen beträgt, ebenfalls unkoscher wäre. Bei dieser Sukka wurde zwar die Anweisung bezüglich der Höhe beachtet, jedoch entspricht sie weniger dem temporären Charakter, da die Eisenwände eine besondere Haltbarkeit implizieren.

8.) „Dieser [Rava] sagte zu ihm: So sage ich dir: Bis zwanzig Ellen errichtet der Mensch [normalerweise] seine Wohnung als provisorische Wohnung; wenn er auch eine permanente Wohnung gemacht hat, so genügt er seiner Pflicht. Über zwanzig Ellen errichtet der Mensch [normalerweise] eine permanente Wohnung; auch wenn er eine vorübergehende Wohnung errichtet hat, so genügt er seiner Pflicht nicht."

Rava möchte damit erklären, dass man mit dieser Anordnung versucht hat, eine grundsätzliche Entscheidung über die maximale Höhe der Sukka zu treffen. Die zwanzig Ellen stellen demnach einen verbindlichen Grenzwert dar, der nicht überschritten werden darf. Es kann also festgehalten werden, dass auch dann eine Sukka halachisch tauglich ist, wenn sie unter diesem Grenzwert bleibt, aber wegen beständiger Bauteile, wie z. B. Eisen, einen dauerhaften Charakter aufweist.

Schautafel

Ausgangsproblem: Eine Sukka, die höher als 20 Ellen ist, ist halachisch untauglich.

Amoräer	Quelle	Begründung	Frage	Antwort
Rabba	„Damit eure Geschlechter wissen, dass ich in Hütten habe wohnen lassen die Kinder Israel." Lev. 23, 43.	Das Auge kann das Dach der Hütte nicht erfassen.		
Rabbi Sera	„Und eine Hütte wird sein als Schatten am Tage vor der Glut." Jes. 4; 6	Der Mensch sitzt nicht im Schatten der Sukka, sondern im Schatten der Wände.	Würde jemand eine Sukka unter 20 Ellen zwischen zwei Berggipfeln aufstellen, sodass man im Schatten der Berge sitzen würde, wäre diese Sukka unkoscher?	Wenn die Berggipfel entfernt würden, dann würde das Dach einer Sukka unter 20 Ellen dennoch Schatten spenden. Wenn in diesem Fall die Wände einer Sukka über 20 Ellen entfernt werden, spendet ihr Dach keinen Schatten.

Amoräer	Quelle	Begründung	Frage	Antwort
Rava	„In Hütten sollt ihr wohnen sieben Tage." Lev. 23, 42	Der Mensch soll die Sukka nicht als permanenten Bau, sondern als temporären errichten.	Wäre eine Sukka mit eisernen Wänden und einem Laubdach auch unkoscher?	Bis 20 Ellen errichtet der Mensch eine temporäre Behausung. Eine Sukka bis 20 Ellen ist auch dann koscher, wenn sie keinen temporären Charakter hat. Eine Behausung über 20 Ellen ist normalerweise permanent. Eine Sukka über 20 Ellen ist auch dann unkoscher, wenn sie temporären Charakter hat.

Halacha

Jede Sukka, die mehr als zwanzig Ellen hoch ist, ist untauglich. Die Meinung von Rava ist ausschlaggebend, weil er als Letzter innerhalb des Diskurses Halacha Cebatrai (הלכה כבתראי), der sich über die Generationen hinweg erstreckte, alle früheren Überlegungen überblicken und so zur entscheidenden Gesamtbeurteilung kommen konnte.

(Joseph ben Efraim Karo: Schulchan Aruch, Orach Chaim, Kap. 633, § 1)

93

Quelle in der Tora

כִּי יִקַּח אִישׁ אִשָּׁה וּבְעָלָהּ וְהָיָה אִם לֹא תִמְצָא חֵן בְּעֵינָיו כִּי מָצָא בָהּ עֶרְוַת
דָּבָר וְכָתַב לָהּ סֵפֶר כְּרִיתֻת וְנָתַן בְּיָדָהּ וְשִׁלְּחָהּ מִבֵּיתוֹ. וְיָצְאָה מִבֵּיתוֹ וְהָלְכָה
וְהָיְתָה לְאִישׁ אַחֵר. וּשְׂנֵאָהּ הָאִישׁ הָאַחֲרוֹן וְכָתַב לָהּ סֵפֶר כְּרִיתֻת וְנָתַן בְּיָדָהּ
וְשִׁלְּחָהּ מִבֵּיתוֹ אוֹ כִי יָמוּת הָאִישׁ הָאַחֲרוֹן אֲשֶׁר לְקָחָהּ לוֹ לְאִשָּׁה.

דברים כ"ד,א'-ג'

האיש מקדש   קידושין   פרק ב   דף נ, ע"א

משנה Mischna

האומר לשלוחו "צא וקדש לי אשה פלונית במקום פלוני" והלך וקדשה
במקום אחר- אינה מקודשת, "הרי היא במקום פלוני" וקדשה במקום
אחר- הרי זו מקודשת.

גמרא Gmara

(1.) ותנן נמי גבי גיטין: האומר "תנו גט זה לאשתי במקום פלוני" ונתנו לה
במקום אחר-פסול. "הרי היא במקום פלוני" ונתנו לה במקום אחר- כשר.
(2.) וצריכא: דאי אשמעינן גבי קידושין, במקום דלקורבה קאתי- בהאי
אתרא רחמו לי ולא ממלי מילי עלוי- בהאי אתרא סנו לי, ממלי מילי עלוי.
אבל גבי גיטין דלרחוקה קאתי, אימר לא איכפת ליה. (3.) ואי אשמועינן
גבי גירושין- בהאי אתרא ניחא ליה דניבזי, בהאי אתרא לא ניחא ליה. אבל
גבי קידושין- אימא לא איכפת ליה, צריכא.

94

Quelle in der Tora

„Wenn ein Mann eine Frau nimmt und ihr beiwohnt, so soll geschehen, wenn sie keine Gunst in seinen Augen findet, weil er an ihr Anstößiges gefunden hat, so soll er ihr einen Scheidebrief schreiben und ihn in ihre Hand geben und sie aus seinem Haus fortschicken. Und sie zieht aus seinem Haus aus und geht und wird eines anderen Mannes."
Dtn. 24,1-2.

Ha-Isch mekadesch   Kidduschin   Kapitel 2   Blatt 50a

Mischna

"Wenn jemand zu seinem Gesandten sagt: Geh, traue mir diese bestimmte Frau in diesem bestimmten Ort an, und er [der Gesandte] ist hingegangen und hat sie ihm in einem anderen Ort angetraut, so ist sie ihm nicht [rechtskräftig] angetraut. [Wenn jemand zu seinem Gesandten sagt: Geh, traue mir diese bestimmte Frau an,] die sich in diesem bestimmten Ort befindet, und er sie ihm an einem anderen Orte angetraut hat, so ist sie ihm [rechtskräftig] angetraut."

Gmara

(1.) „Auch haben wir bezüglich der Scheidung gelernt: Wenn jemand sagt: Gebt diesen Scheidebrief meiner Frau an diesem bestimmten Ort, und sie ihn ihr in einem anderen Ort gegeben haben, so ist er ungültig. [Wenn jemand sagt: Gebt diesen Scheidebrief meiner Frau,] die sich in diesem bestimmten Ort befindet, und sie ihn ihr in einem anderen Ort gegeben haben, so ist er gültig. (2.) Und notwendig [ist es, diese Anordnung bezüglich der Heirat und auch der Scheidung zu lehren]. Wäre es [nur] bezüglich der Antrauung gelehrt worden, [so könnte man glauben, dass weil] er [der Auftraggeber] sie zu sich herbeiholen möchte, [über-

95

legen werde:] In diesem bestimmten Ort hat man mich gern und redet keine schlechten Dinge über mich, aber in dem anderen Ort hasst man mich und redet schlechte Dinge über mich. Aber bezüglich der Scheidung, bei der er sie von sich entfernen möchte, könnte man sagen, dass er [der Ort] ihm gleichgültig wäre. (3.) Und wäre es [nur] bezüglich der Scheidung gelehrt worden, [so könnte man glauben,] er würde die Beschämung [durch die Scheidung] an diesem bestimmten Ort in Kauf nehmen, in dem anderen Ort sei sie ihm [aber] unannehmbar. Aber bezüglich der Antrauung würde man sagen, dass es ihm gleichgültig sei [, in welchem Ort er sie heiratet. Daher ist es auch] notwendig [für die Heirat zu lehren].

Erklärung

(1.) „Auch haben wir bezüglich der Scheidung gelernt: Wenn jemand sagt: Gebt diesen Scheidebrief meiner Frau an diesem bestimmten Ort, und sie ihn ihr in einem anderen Ort gegeben haben, so ist er ungültig. [Wenn jemand sagt: Gebt diesen Scheidebrief meiner Frau,] die sich in diesem bestimmten Ort befindet, und sie ihn ihr in einem anderen Ort gegeben haben, so ist er gültig."
Die Gmara bringt nun parallel zu unserer Mischna zwei ähnliche Fälle, die sich jedoch nicht mit der Heirat, sondern mit der Scheidung beschäftigen. A) In dem ersten Fall der Mischna und dem ersten Fall der Gmara besteht der Auftraggeber ausdrücklich darauf, dass die Antrauung oder die Scheidung an einem bestimmten Ort vollzogen wird. Wenn sich der Bote, der die Antrauung vornimmt oder den Scheidebrief überreicht, nicht an die Anweisung hält und die Handlung in einem anderen Ort vornimmt, ist der Akt ungültig.

B) Auch der letzte Fall der Mischna hat mit dem letzten Fall der Gmara etwas gemeinsam. In beiden Fällen besteht der Auftraggeber nicht ausdrücklich darauf, wo die Scheidung oder Antrauung stattfinden soll, sondern bezeichnet lediglich den Ort, an dem sich die Frau befindet. Wenn nun der Bote die Handlung nicht am angegebenen Aufenthaltsort der Frau, sondern an einem anderen Ort vollzieht, so ist der Akt dennoch gültig. Diese Situation ist weniger problematisch, daher beschränkt sich die folgende Erörterung auf den ersten Fall der Mischna und der Gmara.

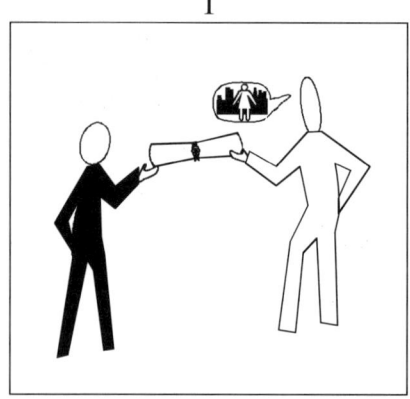

(2.) „Und notwendig [ist es, diese Anordnung bezüglich der Heirat und auch der Scheidung zu lehren]. Wäre es [nur] bezüglich der Antrauung gelehrt worden, [so könnte man glauben, dass weil] er [der Auftraggeber] sie zu sich herbeiholen möchte, [überlegen werde:] In diesem bestimmten Ort hat man mich gern und redet keine schlechten Dinge über mich, aber in dem anderen Ort hasst man mich und redet schlechte Dinge über mich. Aber bezüglich der Scheidung, bei der er sie von sich entfernen möchte, könnte man sagen, dass er [der Ort] ihm gleichgültig wäre."

Die Gmara erläutert nun ein indirekt auftauchendes Problem. Sie weist darauf hin, dass die beiden ersten Fälle der Mischna und Gmara unbedingt erwähnt werden müssen, obwohl sie zunächst überflüssig erscheinen, da sich lediglich der Gegenstand der Handlung ändert. Wenn die Mischna nur für den Fall die Handlung für ungültig erklärt hätte, in dem der Bote die Frau in einer anderen Stadt als der vom Auftraggeber ausdrücklich genannten verheiratet hat, so könnte man glauben, dass die Ungültigkeit der Handlung nur für die Heirat und nicht für die Scheidung gilt. Nun folgt die Begründung für die obige Auffassung, die später abgelehnt wird: Es könnte nämlich angenommen werden, dass der Auftraggeber nur an dem explizit genannten Ort mit der Frau verheiratet werden möchte, weil er die Leute der Stadt kennt und weiß, dass sie über ihn keine schlechten Sachen reden werden. In einer anderen Stadt, in der man ihn nicht kennt, könnte die Heirat unter unglücklichen Umständen scheitern. Daraus könnte man schlussfolgern, dass es dem Auftraggeber in Bezug auf die Scheidung egal ist, wo er sich scheiden lässt und ob die Umgebung dann Schlechtes über ihn redet. Schließlich möchte er sich ja sowieso von ihr scheiden lassen, deshalb kann es ihm ja gleichgültig sein, was über ihn gesagt wird. Demzufolge könnte man die Annahme vertreten, dass auch wenn der Auftraggeber dem Überbringer des Scheidebriefes einen spezifischen Ort genannt hat, diese Anweisung aber nicht beachtet wurde, die Scheidung trotzdem gültig ist. Wie bei Punkt 1 ersichtlich ist, wird die gesamte Überlegung abgewiesen. In beiden Fällen, also bei der Heirat, wie auch bei der Scheidung, ist der vom Auftraggeber ausdrücklich genannte Ort unbedingt zu berücksichtigen. Hat der Bote den Ortswunsch nicht beachtet und die Handlung an einem anderen Ort vollzogen, so ist der Akt ungültig.

(3.) „Und wäre es [nur] bezüglich der Scheidung gelehrt worden, [so könnte man glauben,] er würde die Beschämung [durch die Scheidung] an diesem bestimmten Ort in Kauf nehmen, in dem anderen Ort sei sie ihm [aber] unannehmbar. Aber bezüglich der Antrauung würde man sagen, dass es ihm gleichgültig sei [in welchem Ort er sie heiratet. Daher ist es auch] notwendig [für die Heirat zu lehren]."
Nun greift die Gmara das Problem von einer anderen Perspektive auf. Der Ausgangspunkt ist zunächst die Situation, in der der Auftraggeber dem Überbringer des Scheidebriefes einen konkreten Übergabeort nannte, der Bote den Ortswunsch aber nicht beachtet hat. Wäre die Ungültigkeit der Handlung nur für den ersten Fall der Gmara, also nur bezüglich der Scheidung gelehrt worden, so könnte man glauben, dass sie nicht für den ersten Fall der

Mischna, also in Bezug auf die Heirat gilt. Auch hier sucht die Gmara zunächst nach einer Begründung für die Auffassung, die aber entschieden abgelehnt wird. Es könnte nämlich angenommen werden, dass der Auftraggeber nur an dem explizit genannten Ort von seiner Frau geschieden werden möchte, weil er in dieser Stadt auf seinen ehrenhaften Ruf verzichten und die Schmach einer Scheidung in Kauf nehmen kann. In einer anderen Stadt, in der man ihn kennt, würde er aber wegen der Scheidung Spott und Schande zu ertragen haben, was für ihn mit Sicherheit nicht akzeptabel wäre. Daraus könnte man schlussfolgern, dass es dem Auftraggeber gleichgültig ist, wo er verheiratet wird, da er die Frau ja sowieso heiraten möchte. Daraus ließe sich nun die Schlussfolgerung ziehen, dass, auch wenn der Auftraggeber dem Boten einen bestimmten Ort für die Heirat genannt hat, diese Anweisung aber nicht beachtet wurde, die Heirat dennoch gültig ist. Wie bereits aus der Mischna ersichtlich ist, kann die gesamte Überlegung nicht akzeptiert werden. Wenn der Ortswunsch des Auftraggebers nicht beachtet und die Handlung an einem anderen Ort vollzogen wurde, ist der Akt ungültig.

Schaubild

Situation	Heirat	Scheidung	Begründung
Der Auftraggeber bezeichnet den Ort, an dem die Frau mit ihm zu verheiraten ist, der Bote verheiratet die Beiden aber an einem anderen Ort.	ungültig		Der Auftraggeber wünscht die Heirat ausdrücklich an diesem Ort, da er Angst hat, dass die Heirat an einem anderen Ort scheitert. Die Heirat ist ungültig, weil der Bote gegen den Willen des Auftraggebers gehandelt hat.
Der Auftraggeber bezeichnet den Ort, an dem sich die Frau befindet, der Bote verheiratet die Beiden aber an einem anderen Ort.	gültig		Für die Heirat hat der Auftraggeber keinen spezifischen Ort genannt, sondern nur gesagt, wo die Frau sich aufhält.
Der Auftraggeber bezeichnet den Ort, an dem seiner Frau der Scheidebrief zu übergeben ist. Die Übergabe erfolgt jedoch an einem anderen Ort.		ungültig	Der Auftraggeber wünscht die Scheidung ausdrücklich an diesem Ort, weil er die Schmach nur hier verkraften kann. Die Heirat ist ungültig, weil der Bote gegen den Willen des Auftraggebers gehandelt hat.
Der Auftraggeber bezeichnet den Ort, an dem sich seine Frau befindet. Die Übergabe des Scheidebriefes erfolgt jedoch an einem anderen Ort.		gültig	Der Auftraggeber hat keinen spezifischen Ort für die Scheidung genannt, sondern nur gesagt, wo sich seine Frau befindet.

101

Halacha

In der Antrauung durch einen Boten folgt die Halacha der Mischna.
(RaMBa"M: Seder Naschim, Hilchot Ischut, Kap. 7, § 1.; Joseph ben Efraim Karo: Schulchan Aruch, Even ha-Eser, Kap. 35, § 7/8.)

Bei der Überbringung eines Scheidebriefes durch einen Boten folgt die Halacha der Gmara. (RaMBa"M: Hilchot Geruschin. Kap. 9, § 3. Joseph ben Efraim Karo: Schulchan Aruch, Even ha-Eser, Kap. 141, § 45, 47.)

Quelle in der Tora

וְכִי יִפְתַּח אִישׁ בּוֹר אוֹ כִּי יִכְרֶה אִישׁ בֹּר וְלֹא יְכַסֶּנּוּ וְנָפַל שָׁמָּה שׁוֹר אוֹ
חֲמוֹר. בַּעַל הַבּוֹר יְשַׁלֵּם כֶּסֶף יָשִׁיב לִבְעָלָיו וְהַמֵּת יִהְיֶה־לּוֹ.

שמות כ״א, ל״ג-ל״ד

דף כז, ע״א	פרק ג	בבא קמא	המניח

משנה Mischna

המניח את הכד ברשות הרבים, ובא אחר ונתקל בה ושברה- פטור ואם
הוזק בה- בעל החבית חייב בנזקו.

גמרא Gmara (Teil 1)

(1.) פתח בכד וסיים בחבית! (2.) ותנן נמי : זה בא בחביתו וזה בא
בקורתו, נשברה כדו של זה בקורתו של זה- פטור ; פתח בחבית וסיים בכד !
(3.)ותנן נמי : זה בא בחביתו של יין וזה בא בכדו של דבש, נסדקה חבית
של דבש ושפך זה יינו והציל את הדבש לתוכו- אין לו אלא שכרו ; פתח בכד
וסיים בחבית! (4.) אמר רב פפא : היינו כד היינו חבית. (5.) למאי נפקא
מינה?(6.) למקח וממכר. (7.) היכי דמי? (8.) אילימא באתרא דכדא לא
קרו חבית, וחבית לא קרו כדא, הא לא קרו לה?! (9.)- לא צריכא, דרובא
קרו לה לכדא כדא ולחביתא חביתא, ואיכא נמי דקרו לחביתא כדא ולכדא
חביתא; (10.) מהו דתימא;זיל בתר רובא, קא משמע לן דאין הולכין
בממון אחר הרוב.

Quelle in der Tora

„Und wenn jemand eine Grube öffnet oder wenn jemand eine
Grube gräbt und nicht zudeckt und es fällt darein ein Stier oder
ein Esel, so muss der Besitzer der Grube bezahlen; Geld erstatte
er seinem Besitzer, und das tote Tier sei sein.“
Ex. 21, 33- 34.

Mischna

„Wenn jemand einen Krug auf öffentlichem Gebiet hinstellt, und jemand anders kommt und stößt gegen ihn und zerbricht ihn, so ist er ersatzfrei. Und wenn er an ihm zu Schaden kommt, so ist der Besitzer des Fasses zum Schadensersatz verpflichtet."

Gmara (Teil 1)

(1.)" Er beginnt mit ´Krug` und endet mit ´Fass`! (2.) Auch haben wir [in einer späteren Mischna[11]] gelernt: Kommt einer mit seinem Fass und kommt ein anderer mit seinem Balken, und der Krug des einen zerbricht am Balken des anderen, so ist er [mit dem Balken] ersatzfrei. Er beginnt mit ´Fass` und endet mit ´Krug`! (3.) Auch haben wir [in einer anderen Mischna[12]] gelernt: Kommt einer mit einem Fass Wein und kommt ein anderer mit seinem Krug Honig, und das Fass mit dem Honig bekommt einen Riss und der eine schüttet seinen Wein aus und rettet den Honig in sein [Fass], so steht ihm nichts außer seinem Lohn zu. Er beginnt mit ´Krug` und endet mit ´Fass`! (4.) Es sagte Rav Papa: ´Krug` ist dasselbe wie ´Fass`. (5.) In welcher Hinsicht ist das von Bedeutung? (6.) Hinsichtlich des Kaufes und Verkaufes. (7.) Wovon ist in diesem Fall genau die Rede? (8.) Wenn in einem Ort, in dem man den Krug nicht ´Fass` und das Fass nicht ´Krug` nennt - siehe doch - so wird es [das Fass] nicht so genannt! (9.) Nur in dem Fall, in dem die Mehrheit den Krug ´Krug` und das Fass ´Fass` nennt und es auch Wenige gibt, die das Fass ´Krug` und den Krug ´Fass` nennen, benötigen wir [die Halacha von Rav Papa]. (10.) Man könnte sagen: Man folgt [hierin] der Mehrheit. Uns wird [dagegen von Rav Papa] gelehrt, dass man in Geldangelegenheiten nicht der Mehrheit folgt."

---

[11] bT Baba Kama 31 b.
[12] bT Baba Kama 115 a.

Erklärung (Teil 1)

1.) Die Gmara möchte zu Beginn mit der Feststellung „Er beginnt mit ´Krug` und endet mit ´Fass`!" auf einen sprachlichen Unterschied zwischen zwei Wörtern hinweisen, die in den beiden Teilen der Mischna erwähnt werden: „Wenn jemand einen **Krug** (כד) auf öffentlichem Gebiet hinstellt, und jemand anders kommt und stößt gegen ihn und zerbricht ihn, so ist er ersatzfrei." Im ersten Teil der Mischna steht das Wort „Krug" (Kad- כד) im Vordergrund, während im zweiten Teil das Wort „Fass" (Chawid- חבית) hervorgehoben wird: „Und wenn er an ihm zu Schaden kommt, so ist der Besitzer des **Fasses** (חבית) zum Schadensersatz verpflichtet."

1

2

2.) Um hier Klarheit zu schaffen, über welchen Gegenstand nun gesprochen wird, bringt die Gmara einen ähnlichen Fall, in dem die beiden Wörter auftauchen – diesmal jedoch in umgekehrter Reihenfolge: „Kommt einer mit seinem **Fass** (חבית) und kommt ein anderer mit seinem Balken, und der **Krug** (כד) des einen zerbricht am Balken des anderen, so ist er [mit dem Balken] ersatzfrei." Wie nun die Gmara feststellt, wird die Schilderung des Fallbeispiels mit „Fass" eröffnet und endet mit „Krug". Damit möchte die Gmara andeuten, dass es in diesem Vorgang keine Rolle spielt, welcher spezifischen Klasse das Gefäß zuzurechnen ist.

Übrigens steht die Entscheidung am Schluss des Fallbeispiels unter zwei Voraussetzungen: A) Ein öffentlicher Raum ist nicht Eigentum eines Einzelnen, sondern der Gemeinschaft. Dieses Rechtsverhältnis ist auch für die folgenden Überlegungen der Gmara von großer Bedeutung. B) Der Träger des Kruges ist sich vollkommen bewusst, dass er mit seinem Gefäß einen öffentlichen Raum betritt. Er muss also mit der akuten Gefährdung seines Gegenstandes rechnen und kann aus diesem Grund keinen Schadensersatz fordern.

3.) Die Gmara bringt einen weiteren Fall, in dem wiederum beide Gefäße genannt werden – jedoch in der umgekehrten Reihenfolge wie in dem Fallbeispiel zuvor: „Kommt einer mit einem Fass Wein und kommt ein anderer mit seinem **Krug Honig** (בכדו של דבש), und das **Fass mit dem Honig** (חבית של דבש) bekommt einen Riss und der eine schüttet seinen Wein aus und rettet den Honig

in sein [Fass], so steht ihm nichts, außer seinem Lohn zu."
In diesem Vorgang bezieht sich die Erörterung auf das Gefäß, in
dem sich der Honig befindet. Während zunächst von einem Krug
gesprochen wird, ist am Schluss von einem Honigfass die Rede.
Damit möchte die Gmara bekräftigen, dass es in dieser Situation
keinen prinzipiellen Unterschied macht, ob es sich bei dem Gegenstand um einen Krug oder ein Fass handelt!

Auch hier soll noch am Rande auf die abschließende Entscheidung hingewiesen werden. Offensichtlich ist der Honig kostbarer
als der Wein, denn der Besitzer des Weinfasses gießt den Inhalt
aus, um den Honig zu retten. Dies macht er jedoch, ohne vorher
die Zustimmung seitens des Honigbesitzers einzufordern. Aus
diesem Grund steht ihm nur der Lohn für die Rettungstat zu, nicht
aber ein Schadensersatz für seinen Wein.

4.) „Es sagte Rav Papa: ´Krug` ist dasselbe wie ´Fass`."
Aus den beiden Fallbeispielen der Gmara zieht Rav Papa die
Schlussfolgerung, dass in den geschilderten Situationen kein gra-
vierender Unterschied zwischen „Fass" (חבית) und „Krug" (כד)
existiert. Es geht vielmehr um den beschädigten Gegenstand
selbst.

5.) „In welcher Hinsicht ist das von Bedeutung?"
Was ist aus der Tatsache zu schließen, dass beide Gefäße hinsichtlich der Halacha von ihrer Bedeutung her gleich sind?

6.) „Hinsichtlich des Kaufes und Verkaufes" könnte diese
Gleichsetzung eine Entscheidung festlegen. Um dies deutlich zu

machen, weichen wir etwas von der unmittelbaren Erklärung des Textes ab und stellen uns zunächst einmal folgende Situation vor: Ein Käufer möchte in einem Laden ein **Fass** kaufen und bittet um das Gewünschte. Der Käufer gibt ihm jedoch einen **Krug**. Es liegt hier offensichtlich ein Missverständnis vor, dass möglicherweise sprachlicher Natur ist, aber für den Käufer wie auch den Verkäufer finanzielle und juristische Folgen hat. In mehreren Schritten wird aus der nun folgenden Frage der Gmara ein ähnliches Fallbeispiel entwickelt.

7.) „Wovon ist in diesem Fall genau die Rede?"
Die Gmara versucht nun eine Situation zu ermitteln, in der die Gleichsetzung von Fass und Krug von Relevanz ist.

8.) „Wenn in einem Ort, in dem man den Krug nicht ´Fass´ und das Fass nicht ´Krug´ nennt - siehe doch - so wird es [das Fass] nicht so genannt!"
In einem Ort, in dem der Begriff „Krug" nur auf den Krug bezogen wird, kann sich ein Missverständnis zwischen Käufer und Verkäufer gar nicht erst entwickeln. Denn hier versteht niemand unter „Krug" etwas anderes als einen Krug. Dies gilt umgekehrt auch für das Fass. Aus diesem Grund wurde also völlig zu Recht nach der spezifischen Situation gefragt, in der die Gleichsetzung von „Krug" und „Fass" problematisch sein könnte.

9.) „Nur in dem Fall, in dem die Mehrheit den Krug ´Krug´ und das Fass ´Fass´ nennt und es auch Wenige gibt, die das Fass ´Krug´ und den Krug ´Fass´ nennen, benötigen wir [die Halacha von Rav Papa]."
Die Gleichsetzung von „Krug" und „Fass" kann nämlich dann zu Konflikten führen, wenn die Mehrheit einer Region zwar den Krug als „Krug" (כד) und das Fass als „Fass" (חבית) bezeichnet, es aber einer Minderheit gibt, die beide Begriffe miteinander verwechselt. Der in Punkt 6. konstruierte Fall könnte sich in einem solchen Ort ereignet haben. Der Käufer wollte ein Fass (חבית) erwerben und hat auch eindeutig ein „Fass" (חבית) vom Verkäufer verlangt. Er gehört also zu der Mehrheit, die unter dem Wort „Fass" ein Fass und nichts anderes verstehen. Im Gegensatz dazu hat der Verkäufer zwar das Wort „Fass" (חבית) gehört, aber

weil er von der Minderheit ist, die unter dem Begriff „Fass" einen Krug versteht, gibt er verständlicherweise einen Krug heraus. Zwischen Käufer und Verkäufer entsteht hier ein Interessenskonflikt, der nach einer juristischen Entscheidung verlangt.

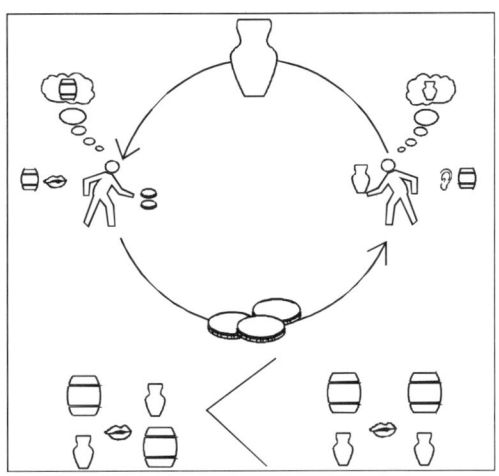

10.) „Man könnte sagen: Man folgt [hierin] der Mehrheit. Uns wird [dagegen von Rav Papa] gelehrt, dass man in Geldangelegenheiten nicht der Mehrheit folgt."

Man würde vermuten, dass man sich in der juristischen Entscheidung nach dem sprachlichen Verständnis der Mehrheit richtet und deshalb dem Käufer das Recht zuspricht. Der Mischna zufolge richtet man sich in „Geldangelegenheiten" nicht nach der Mehrheit. Indem die Mischna die Wörter „Krug" und „Fass" miteinander gleichsetzt, möchte sie uns zeigen, dass das Argument der Mehrheit in dieser Situation von Kauf und Verkauf nicht angewendet werden kann. Der Käufer kann also nicht mit dem Verweis auf den allgemein üblichen Sprachgebrauch von „Krug" und „Fass" den Verkäufer eines Fehlers beschuldigen und mit Hilfe einer Rechtsentscheidung den unglücklich erworbenen Krug umtauschen. Hier gilt folgender Lehrsatz: "המוציא מחברו עליו הראיה." – „Derjenige, der vom Anderen fordert, hat den Beweis zu erbringen."[13] In diesem Fall ist der Käufer derjenige, der Forderungen stellt; schließlich möchte er ja ein Fass anstelle des Kruges. Deshalb muss er auch einen überzeugenden Beweis erbrin-

---

[13] Vgl. u. a. bT Gittin 48b und bT Baba Mezia 2b.

gen, dass a) sein artikulierter Kaufwunsch nicht missverständlich war und b) der Verkäufer ihm absichtlich einen Krug an Stelle eines Fasses gab, obwohl er die Forderung verstanden hat. Wie wir sehen, wäre sein Argument, die Mehrheit verstehe unter dem Wort „Fass" ein Fass, nicht ausreichend.

Halacha

Im Regelfall richtet sich die halachische Entscheidung nach der Mehrheit. Ergeben sich bei Geldangelegenheiten unklare Verhältnisse, folgt man diesem Argument zur Rechtsfindung aus dem Grunde nicht, weil man das Eigentum des Besitzers schützen möchte.

(RaMBa"M: Kinjan, Hilchot Mechira, Kap. 16, § 5.)

"ובא אחר ונתקל בה ושברה פטור". (1.) אמאי פטור? איבעי ליה לעיוני
ומיזל! (2.) -אמרי דבי רב משמיה דרב: בממלא רשות הרבים כולה
חביות; (3.) שמואל אמר: באפילה שנו; (4.) רבי יוחנן אמר: בקרן זוית.
(5.) אמר רב פפא: לא דיקא מתניתין אלא או כשמואל או כרבי יוחנן, דאי
כרב, מאי איריא נתקל? אפילו שבר נמי! (6.) אמר רב זביד משמיה
דרבא:הוא הדין דאפילו שבר. והאי דקתני "נתקל" -איידי דבעי למתני
סיפא: ואם הוזק בה בעל חבית חייב בנזקו, דדוקא נתקל, אבל שבר לא,
מאי טעמא? הוא דאזיק אנפשיה- קתני רישא "נתקל". (7.) אמר ליה רבי
אבא לרב אשי, הכי אמרי במערבא משמיה דרבי עולא: לפי שאין דרכן של
בני אדם להתבונן בדרכים.(8.) הוה עובדא בנהרדעא וחייב שמואל,
בפומבדיתא- וחייב רבא. (9.) בשלמא שמואל- כשמעתיה. אלא רבא,
לימא כשמואל סבירא ליה. (10.) -אמר רב פפא: קרנא דעצרא הוי, דכיון
דברשות קעבדי- איבעי ליה לעיוני ומיזל.

Ha-Maniach   Baba Kama   Kapitel 3   Blatt 27b

Gmara (Teil 2)

„Und jemand anders kommt und stößt (nitkal- נתקל) gegen ihn
[den Gegenstand] und zerbricht ihn, so ist er ersatzfrei." 1.) „Warum ist er ersatzfrei? Er hätte doch beim Gehen aufpassen müssen! 2.) Die Schüler des Lehrhauses von Rav sagten im Namen
des Rav: [Dieser Fall trifft zu,] wenn er das gesamte öffentliche
Gebiet mit Fässern [zugestellt] hat. 3.) Schmuel sagte: [Für den
Fall, dass es] in der Dunkelheit [geschieht,] lehrten sie es. 4.)
Rabbi Jochanan sagte: [Dies trifft für den Fall zu, wenn das Ge-
fäß] in einer unübersichtlichen Ecke [steht]. 5.) Es sagte Rav Papa: Unsere Mischna ist nicht eindeutig. Entweder ist es so, wie es
Schmuel sagt, oder so, wie es Rabbi Jochanan sagt. Nach Rav [ist
hier zu fragen]: Warum wurde [gerade das Wort] ´stoßen` (נתקל)
verwendet? [Denn dies gilt] auch sogar dann, wenn er ihn [vor-
sätzlich] zerbricht (schavar- שבר)! 6.) Es sagte Rav Swid im
Namen Rava`s: Dasselbe gilt, wenn er ihn [den Gegenstand
vorsätzlich] zerbricht (שבר). Derjenige, der die Mischna sagt,

lich] zerbricht (שבר). Derjenige, der die Mischna sagt, verwendet das Wort ´stoßen` (נתקל), weil er am Schluss lehren möchte: „Und wenn er durch ihn zu Schaden kommt, so ist der Besitzer zum Schadensersatz verpflichtet." Das gilt aber nur in dem Fall, wenn er [unabsichtlich] gegen ihn stößt (נתקל), aber nicht, wenn er ihn [absichtlich] zerbricht (שבר). Was ist der Grund dafür? Er hat den Schaden sich selbst zugefügt. [Daher] lehrt er [nämlich derjenige, der die Mischna gesagt hat,] zu Beginn [das Wort: „unabsichtlich dagegen] stoßen" (נתקל). 7.) Es sagte Rabbi Abba zu Rav Aschi: So sagen sie im Westen im Namen von Rabbi Ulla: [Derjenige, der den Gegenstand zerbricht, ist ersatzfrei,] weil es nicht der Weise des Menschen entspricht, sich auf den Straßen vorzusehen. 8.) Es gab einen Vorfall in Nehardea und Schmuel verpflichtete [den Schadensverursacher zum Schadensersatz], in Pumbedita [gab es ebenfalls einen solchen Vorfall] und Rava verpflichtete [den Schadensverursacher zum Schadensersatz]. 9.) Verständlicherweise urteilte Schmuel seiner Ansicht entsprechend. Aber ist Rava auch der Auffassung wie Schmuel? 10.) Es sagte Rav Papa: Die Ecke an einer Ölpresse war dies, weil sie [dort ihre Fässer] mit Erlaubnis abstellen. Er hätte doch beim Gehen aufpassen müssen!"

Erklärung (Teil 2)

1.) „´Und jemand anders kommt und stößt (נתקל) gegen ihn [den Gegenstand] und zerbricht ihn, so ist er ersatzfrei. Warum ist er ersatzfrei? Er hätte doch beim Gehen aufpassen müssen!"
Grundsätzlich unterliegt der Mensch der Pflicht, sich auf öffentlichem Gebiet vorzusehen. Die Gmara stellt aus diesem Grund die Frage, warum er, wenn er dennoch einen Gegenstand zerbricht, nicht zum Schadensersatz verpflichtet wird.

2.) „Die Schüler des Lehrhauses von Rav sagten im Namen des Rav: [Dieser Fall trifft zu,] wenn er das gesamte öffentliche Gebiet mit Fässern [zugestellt] hat."
Die Mischna beschäftigt sich hier mit einem spezifischen Fall, in dem jemand die Gegenstände so absetzt, dass der Weg der Passanten innerhalb des öffentlichen Raumes blockiert wird. Diese sind dazu gezwungen, sich einen Durchgang zu bahnen. Ver-

ständlicherweise muss es dabei zu einem Schaden kommen. Der Schadensverursacher ist deshalb ersatzfrei, weil der öffentliche Raum der gesamten Gesellschaft gehört und nicht versperrt werden darf. In dem Fall also, in dem nur ein Gegenstand im Weg gestanden hätte, wäre der Schadensverursacher zum Ersatz verpflichtet gewesen, da er seine Aufmerksamkeitspflicht vernachlässigt hat.

3.) „Schmuel sagte: [Für den Fall, dass es] in der Dunkelheit [geschieht,] lehrten sie es."
Schmuel beantwortet die Frage nach der Ersatzfreiheit damit, dass sich die Mischna hier mit einem spezifischen Fall beschäftigt, in dem sich der Schadensverursacher nicht vorsehen konnte, weil es dunkel war. Wäre es also hell gewesen, wäre der Schadensverursacher zum Ersatz verpflichtet, da er seine Aufmerksamkeitspflicht vernachlässigt hat.

4.) „Rabbi Jochanan sagte: [Dies trifft für den Fall zu, wenn das Fass] in einer unübersichtlichen Ecke [steht]."
Auch Rabbi Jochanan beantwortet die Frage damit, dass sich die Mischna hier mit einem spezifischen Fall beschäftigt. Seiner Ansicht nach stand der Gegenstand in einer unübersichtlichen Ecke und konnte vom Schadensverursacher nicht bemerkt werden. In dem Fall also, in dem der Gegenstand in einer übersichtlichen Ecke gestanden hätte, wäre der Schadensverursacher zum Ersatz verpflichtet gewesen, da er seine Aufmerksamkeitspflicht vernachlässigt hat.

5.) „Es sagte Rav Papa: Unsere Mischna ist nicht eindeutig. Entweder ist es so, wie es Schmuel sagt, oder so, wie es Rabbi Jochanan sagt. Nach Rav [ist hier zu fragen]: Warum wurde [gerade das Wort] ´stoßen` (נתקל) verwendet? [Denn dies gilt] auch sogar dann, wenn er es [vorsätzlich] zerbricht (שבר)!"
Rav Papa möchte darauf hinweisen, dass man die Aussage der Mischna entweder nach der Ansicht Schmuels oder nach der Ansicht Rabbi Jochanans verstehen muss. Dabei wird der Ausdruck נתקל in den Mittelpunkt des Interesses gerückt, der hier soviel wie „unabsichtlich gegen etwas stoßen" bedeutet. Er ist der Ansicht, dass die Verwendung dieses Wortes nach der Erklärung von Rav

113

in der Mischna nicht verständlich ist. Rav Papas Auffassung zufolge bezieht die Mischna das Wort נתקל auf die Situation, in der der gesamte öffentliche Raum mit Fässern zugestellt wurde. In diesem Fall wäre jedoch nicht das Wort נתקל, sondern שבר zu verwenden, was hier soviel wie „vorsätzlich zerbrechen" bedeutet. Wie gleich erklärt werden wird, ist nicht nur derjenige ersatzfrei, der durch den zugestellten öffentlichen Raum läuft und dabei unabsichtlich einen der vielen Gegenstände beschädigt, sondern gerade auch derjenige, der sich einen Weg bahnt und damit den Schaden vorsätzlich anrichtet.

6.) „Es sagte Rav Swid im Namen Ravas: Dasselbe gilt, wenn er ihn [das Gefäß vorsätzlich] zerbricht (שבר). Derjenige, der die Mischna sagt, verwendet das Wort ´stoßen` (נתקל), weil er am Schluss lehren möchte: „Und wenn er durch ihn zu Schaden kommt, so ist der Besitzer zum Schadensersatz verpflichtet." Das gilt aber nur in dem Fall, wenn er [unabsichtlich] gegen es stößt (נתקל), aber nicht, wenn er ihn [absichtlich] zerbricht (שבר). Was ist der Grund dafür? Er hat den Schaden sich selbst zugefügt. [Daher] lehrt er [, nämlich derjenige, der die Mischna gesagt hat,] zu Beginn [das Wort: „unabsichtlich dagegen] stoßen" (נתקל)."
Rav Swid erläutert die Ausführung Ravas folgendermaßen: Die Anordnung im ersten Teil der Mischna, in der der Schadensverursacher freigesprochen wird, gilt unter der genannten Bedingung auch dann, wenn er es absichtlich getan hat. Die Mischna verwendet deshalb das Wort נתקל mit seiner passiven Betonung, weil allein nur dieser Ausdruck auch auf den zweiten Teil der Mischna bezogen werden kann. Das Wort שבר dagegen würde den Sinn des zweiten Teils der Mischna vollständig verändern.
Im zweiten Teil wird der Besitzer des Fasses zum Schmerzensgeld gegenüber demjenigen verpflichtet, der sich beim Passieren des öffentlichen Raumes an einem dieser Gegenstände verletzt hat. Dieses Rechtsverhältnis gilt jedoch nur dann, wenn der Gegenstand nicht vorsätzlich beschädigt wurde und kann daher nur mit dem Wort נתקל ausgedrückt werden. Zwar ist es sein Recht, sich den Zutritt zu dem öffentlichen Raum zu verschaffen, verletzt er sich jedoch bei dieser vorsätzlichen Handlung, kann er kein Schmerzensgeld verlangen!

7.) „Es sagte Rabbi Abba zu Rav Aschi: So sagen sie im Westen im Namen von Rabbi Ulla: [Derjenige, der den Gegenstand zerbricht, ist ersatzfrei,] weil es nicht der Weise des Menschen entspricht, sich auf den Straßen vorzusehen."

Rabbi Abba erwähnt gegenüber Rav Aschi, dass man im Westen, damit ist die Region des heutigen Israels gemeint, eine andere Antwort auf die zu Beginn unter 1 gestellte Frage gibt: „Warum ist er ersatzfrei? Er hätte doch beim Gehen aufpassen müssen!"

Rabbi Ulla, auf dessen Lehre sich Rabbi Abba beruft, war nämlich der Ansicht, dass auch wenn es hell gewesen wäre und der Gegenstand in einer übersichtlichen Ecke gestanden hätte, man den Schadensverursacher nicht zum Ersatz hätte verpflichten können. R. Ulla vertritt offensichtlich eine vollkommen andere Auffassung als Rav, Schmuel und R. Jochanan. Indirekt betont er die Bedeutung des öffentlichen Raumes als gemeinschaftlichen Besitz und argumentiert demzufolge, dass derjenige, der den öffentlichen Platz betritt, nicht mit Hindernissen rechnen kann und daher nicht der Verpflichtung unterliegt, sich beim Betreten des Platzes umzusehen. Aus diesem Grund muss er bei einer Beschädigung keine Ersatzzahlung leisten.

8.) „Es gab einen Vorfall in Nehardea und Schmuel verpflichtete [den Schadensverursacher zum Schadensersatz], in Pumbedita [gab es ebenfalls einen solchen Vorfall] und Rava verpflichtete [den Schadensverursacher zum Schadensersatz]."

In Nehardea gab es einen Vorfall, indem der Schaden weder dadurch zustande kam, dass der Platz zugestellt, noch dass es dunkel war oder der Gegenstand in einer unübersichtlichen Ecke stand. Schmuel hat den Schadensverursacher zum Ersatz verpflichtet. Er folgt hierin verständlicherweise der Konsequenz seiner in Punkt 3 verwendeten Argumentation: Derjenige, der ein öffentliches Gebiet betritt, ist zur Vorsicht angehalten. Ebenso hat Rava in einem zweiten, ähnlichen Fall in Pumbedita den Schadensverursacher zur Ersatzleistung verpflichtet.

9.) „Verständlicherweise urteilte Schmuel seiner Ansicht entsprechend. Aber ist Rava auch der Auffassung wie Schmuel?"

Während das Urteil Schmuels nachvollziehbar ist, stellt sich bei Rava die Frage, wie er zu seinem Urteil kommt. Ist er möglicherweise der Ansicht Schmuels?

10.) „Es sagte Rav Papa: Die Ecke an einer Ölpresse war dies, weil sie [dort ihre Fässer] mit Erlaubnis abstellen. Er hätte doch beim Gehen aufpassen müssen!"

Entsprechend der Erklärung von Rav Papa kann nicht unbedingt die Schlußfolgerung abgeleitet werden, dass Rava sich der Argumentation Schmuels anschließt. In dem Fall von Pumbedita handelte es sich nämlich um eine andere Situation als in der von Nehardea. In Pumbedita sind die Gefäße an der Ecke einer Ölpresse aufgestellt worden, in der sie auch sonst immer abgestellt werden und von der jedermann weiß, dass sie als Lagerplatz dient. Obwohl es sich hierbei um einen öffentlichen Platz handelt, hätte der Schadensverursacher aus diesem Grund eine besondere Vorsicht an den Tag legen müssen. Hätte es sich aber dabei um ein reguläres, öffentliches Gebiet gehandelt, hätte er keine Ersatzzahlung leisten müssen. Rava schließt sich also nicht der Ansicht Schmuels an. Er argumentiert wie Rabbi Ulla, dass derjenige, der den öffentlichen Platz betritt, nicht mit Hindernissen rechnen kann und daher nicht der Verpflichtung unterliegt, sich beim Betreten des Platzes umzusehen.

Schautafel

Amoräer	Situation	Halacha	Begründung
Die Schüler des Lehrhauses von Rav im Namen Ravs, Schmuel und Rabbi Jochanan	Die abgestellten Gegenstände **standen im Weg**.	Der Schadensverursacher ist zum **Schadensersatz** verpflichtet.	Der Schadensverursacher hätte auf seinen Weg achten müssen.
	Die abgestellten Gegenstände **versperrten den Weg**.	Der Schadensverursacher muss **keinen Schadensersatz** leisten.	Der Verstoß kommt von der Seite des Zustellenden.
	Die abgestellten Gegenstände zerbrachen beim Passieren in der **Dunkelheit**.	Der Schadensverursacher muss **keinen Schadensersatz** leisten	Der Schadensverursacher konnte die Gegenstände nicht sehen.
	Die abgestellten Gegenstände standen an einer **unübersichtlichen Ecke** und wurden beim Passieren zerbrochen.	Der Schadensverursacher muss **keinen Schadensersatz** leisten	Der Schadensverursacher konnte die Gegenstände nicht sehen.
	Die abgestellten Gegenstände wurden an einem allgemein bekannten **Abstellplatz** zerbrochen.	Der Schadensverursacher ist zum **Schadensersatz** verpflichtet.	Da allgemein bekannt ist, dass an diesem Ort Dinge abgestellt werden, hätte der Schadensverursacher sich vorsehen müssen.

117

Amoräer	Situation	Halacha	Begründung
Rabbi Ulla und Rava	Die abgestellten Gegenstände **standen im Weg**.	Der Schadensverursacher muss **keinen Schadensersatz** leisten.	Es ist nicht üblich, dass der Mensch auf seinen Weg achtet. Der öffentliche Raum gehört der Gemeinschaft!
	Die abgestellten Gegenstände **versperrten den Weg**.	Durch Rückschluss vom Leichten auf das Schwere muss der Schadensverursacher **keinen Schadensersatz** leisten.	Der Verstoß kommt von der Seite des Zustellenden.
	Die abgestellten Gegenstände zerbrachen beim Passieren in der **Dunkelheit**.	Durch Rückschluss vom Leichten auf das Schwere muss der Schadensverursacher **keinen Schadensersatz** leisten.	Der Schadensverursacher konnte die Gegenstände nicht sehen.
	Die abgestellten Gegenstände standen an einer **unübersichtlichen Ecke**.	Der Schadensverursacher muss **keinen Schadensersatz** leisten.	Der Schadensverursacher konnte die Gegenstände nicht sehen.
	Die abgestellten Gegenstände wurden an einem allgemein bekannten **Abstellplatz** zerbrochen.	Der Schadensverursacher ist zum **Schadensersatz** verpflichtet.	Da allgemein bekannt ist, dass an diesem Ort Dinge abgestellt werden, hätte der Schadensverursacher sich vorsehen müssen.

Halacha

Die Halacha folgt der Ansicht von Rabbi Abba, der im Namen Rabbi Ullas argumentiert. Demnach ist man nicht verpflichtet, sich auf öffentlichem Gebiet vorzusehen, da er damit rechnet, dass der Raum der Gemeinschaft gehört und für diese freigehalten wird. Stellt jemand einen Gegenstand auf diesem Platz ab und jemand anders kommt und zerbricht ihn unabsichtlich, so ist der Schadensverursacher ersatzfrei. Verletzt er sich dabei an dem Gegenstand, so ist der Besitzer zur Ersatzzahlung verpflichtet. Diese Halacha gilt auch dann, wenn sich der Fall am hellen Tag ereignet.

(RaMBa"M: Sefer Nisikin. Hilchot Niskei Mamon. Kap. 13, § 5.; Joseph ben Efraim Karo: Schulchan Aruch, Choschen Mischpat, Kap. 412, § 1.)

Die Quellen in der Tora

כִּי תִפְגַּע שׁוֹר אֹיִבְךָ אוֹ חֲמֹרוֹ תֹּעֶה הָשֵׁב תְּשִׁיבֶנּוּ לוֹ.
שמות כג,ד'

לֹא תִרְאֶה אֶת שׁוֹר אָחִיךָ אוֹ אֶת שֵׂיוֹ נִדָּחִים וְהִתְעַלַּמְתָּ מֵהֶם הָשֵׁב תְּשִׁיבֵם
לְאָחִיךָ. וְאִם לֹא קָרוֹב אָחִיךָ אֵלֶיךָ וְלֹא יְדַעְתּוֹ וַאֲסַפְתּוֹ אֶל תּוֹךְ בֵּיתֶךָ וְהָיָה
עִמְּךָ עַד דְּרֹשׁ אָחִיךָ אֹתוֹ וַהֲשֵׁבֹתוֹ לוֹ. וְכֵן תַּעֲשֶׂה לַחֲמֹרוֹ וְכֵן תַּעֲשֶׂה לְשִׂמְלָתוֹ
וְכֵן תַּעֲשֶׂה לְכָל אֲבֵדַת אָחִיךָ אֲשֶׁר תֹּאבַד מִמֶּנּוּ וּמְצָאתָהּ לֹא תוּכַל לְהִתְעַלֵּם.

דברים כ"ב, א'-ג'

אלו מציאות	בבא מציעא	פרק ב	דף כא, ע"א

משנה Mischna

אלו מציאות שלו ואלו חייב להכריז? אלו מציאות שלו: מצא פירות
מפוזרין, מעות מפוזרות, כריכות ברשות הרבים, ועגולי דבילה, ככרות של
נחתום, מחרוזות של דגים, וחתיכות של בשר, וגיזי צמר הלקוחין
ממדינתן, ואניצי פשתן, ולשונות של ארגמן- הרי אלו שלו, דברי רבי מאיר.
רבי יהודה אומר : כל שיש בו שינוי חייב להכריז. כיצד? מצא עגול ובתוכו
חרס, ככר ובתוכו מעות. רבי שמעון בן אלעזר : אומר כל כלי אנפוריא אין
חייב להכריז.

גמרא Gmara

(1.)"מצא פירות מפוזרין". וכמה? (2.) אמר רבי יצחק : קב בארבע אמות.
(3.) היכי דמי? אי דרך נפילה -אפילו טובא נמי, ואי דרך הינוח- אפילו
בציר מהכי נמי לא! (4.) אמר רב עוקבא בר חמא : במכנשתא דבי דרי
עסקינן : קב בארבע אמות דנפיש טרחייהו- לא טרח איניש ולא הדר אתי
ושקיל להו, אפקורי מפקר להו. בציר מהכי- טרח והדר אתי ושקיל להו,
ולא מפקר להו. (5.) בעי רבי ירמיה : חצי קב בשתי אמות מהו? קב בארבע
אמות טעמא מאי- משום דנפיש טרחייהו, חצי קב בשתי אמות כיון דלא
נפיש טרחייהו-לא מפקר להו. או דלמא : משום דלא חשיבי, וחצי קב בשתי
אמות, כיון דלא חשיבי- מפקר להו. (6.) קביים בשמונה אמות מהו? קב
בארבע אמות טעמא מאי- משום דנפיש טרחייהו,וכן שכן קביים בשמונה
אמות, כיון דנפישא טרחייהו טפי- מפקר להו. או דלמא : משום דלא
חשיבי, וקביים בשמונה אמות כיון דחשיבי- לא מפקר להו. (7.) קב

שומשמין בארבע אמות מהו? קב בארבע אמות מאי- משום דלא חשיבי, ושומשמין כיון דחשיבי- לא מפקר להו. או דלמא: משום דנפיש טרחייהו, וכל שכן שומשמין, כיון דנפיש טרחייהו טפי- מפקר להו. (8.) קב תמרי בארבע אמות, קב רמוני בארבע אמות מהו? קב בארבע אמות טעמא מאי- משום דלא חשיבי, קב תמרי בארבע אמות, קב רמוני בארבע אמות נמי, כיון דלא חשיבי- מפקר להו. או דלמא: משום דנפישא טרחייהו, וקב תמרי בארבע אמות, וקב רמוני בארבע אמות, כיון דלא נפיש טרחייהו- לא מפקר להו, מאי? תיקו (9.)

Die Quellen in der Tora

„Wenn du triffst auf den Ochsen deines Feindes, oder auf seinen Esel, der irre geht, bringe ihm denselben zurück." Ex. 23,4.

„Nicht sehen sollst du den Ochsen deines Bruders oder sein Schaf umherirrend und dich ihnen entziehen; bringe sie deinem Bruder zurück. Und wenn dein Bruder dir nicht nahe ist oder du ihn nicht kennst, so bringe es in das Innere deines Hauses und es bleibe bei dir, bis es dein Bruder fordert, und dann gib es ihm zurück. Und so sollst du tun mit seinem Esel und so sollst du tun mit seinem Gewand und so sollst du tun mit jeglichem Verlorenem, das ihm verloren ging und das du findest; du kannst dich nicht entziehen." Dtn. 22, 1-3.

Elu Meziot   Baba Mezia   Kapitel 2   Blatt 21a

Mischna

"Welche Funde gehören ihm [dem Finder] und welche muss er ausrufen? Diese Funde gehören ihm: Wenn jemand verstreute Früchte, verstreutes Geld, Garbenbündel auf öffentlichem Gebiet, Feigenrundkuchen, Bäckerbrote, Bündel mit aneinandergereihten Fischen, oder Fleischstücke, oder die Schur der Wolle, wie sie aus ihrem Land kommt, oder Flachsbündel oder Purpurstreifen

121

findet, so gehören sie ihm – Worte des Rabbi Meir. Rabbi Jehuda sagt: Alles, woran Außergewöhnliches ist, muss er ausrufen. Was gehört dazu? Wenn jemand [zum Beispiel] einen Rundkuchen findet, in dessen Inneren eine Tonscherbe ist oder ein Brot, in dessen Inneren sich Münzen befinden. Rabbi Schimon ben Elasar sagt: Alle Handelswaren müssen nicht ausgerufen werden."

Gmara

(1.) "Wenn jemand verstreute Früchte [Getreide!] findet." [Bei] wie vielen [auf welcher Fläche gelten sie als verstreut]? (2.) Es sagte Rabbi Jizchak: Ein Kav [Getreide] auf [einer Fläche von] vier Ellen [im Quadrat]. (3.) In welchem Fall [gilt dies]? Liegen sie wie hingefallen, so sollte das doch sogar auch dann gelten, wenn es mehr sind; und liegen sie wie hingelegt, so sollte das sogar auch dann nicht gelten, wenn es weniger sind! (4.) Es sagte Rav Ukva bar Chama: Mit der Einbringungszeit in die Tenne beschäftigen wir uns. [Das Einsammeln] von einem Kav [Getreide] auf [einer Fläche von] vier Ellen [im Quadrat] ist eine große Mühe. Da sich keiner die Mühe macht und zurückkommt und es holt, gibt er [der Eigentümer] es frei. Auf einer kleineren [Fläche] als diese, macht sich der Eigentümer die Mühe und kommt zurück und holt es und gibt es nicht frei. (5.) Es fragte Rabbi Jirmeja: Wie verhält es sich mit einem halben Kav [Getreide] auf [einer Fläche von] zwei Ellen? Was ist der Grund dafür, dass [das Getreide in der Menge von] einem Kav auf [einer Fläche von] vier Ellen [im Quadrat vom Besitzer freigegeben wird]? Weil es Mühe bereitet. [Das Einsammeln von] einem halben Kav [Getreide] auf [einer Fläche von] zwei Ellen gibt er nicht frei, weil es keine Mühe bereitet. Oder vielleicht [muss folgendermaßen argumentiert werden]? Weil [die Menge des Getreides auf der Fläche von vier Ellen im Quadrat] nicht so bedeutend ist, [um sich die Mühe zu machen es aufzusammeln, umso mehr ist] ein halbes Kav [Getreide] auf [einer Fläche von] zwei Ellen unbedeutend, sodass er es freigibt. (6.) Wie verhält es sich mit zwei Kav [Getreide] auf [einer Fläche von] acht Ellen [im Quadrat]? Was ist der Grund dafür, dass [das Getreide in der Menge von] einem Kav auf [einer Fläche von] vier Ellen [im Quadrat vom Besitzer freigegeben wird]? Weil es Mühe bereitet. Umso eher gibt [der Besitzer das Getreide in der Menge von] zwei Kav auf [einer Fläche von] acht Ellen [im Quadrat] frei, weil es eine größere Mühe bereitet. Oder vielleicht [muss folgendermaßen argumentiert werden]? Weil [die Menge des Getreides auf der Fläche von vier Ellen im Quadrat] nicht so bedeutend ist, [um sich die Mühe zu machen es aufzusammeln,] sind zwei Kav [Getreide] auf [der Fläche von] acht Ellen [im Quadrat] bedeutender, sodass er es nicht freigibt. (7.) Wie verhält es sich mit einem Kav Sesam auf [einer Fläche von] vier Ellen [im Quadrat]? Was ist der Grund dafür, dass [das Getreide in der Menge von] einem Kav auf [einer Fläche von] vier Ellen [im Quadrat vom Besitzer freigegeben wird]? Weil [die Menge] nicht so bedeutend ist, um sich die Mühe zu machen es aufzusammeln. Und da Sesam wertvoll ist, gibt er es nicht frei. Oder vielleicht [muss folgendermaßen argumentiert werden]? Weil [das Einsammeln von Getreide in der Menge von einem Kav auf der Fläche von vier Ellen im Quadrat schon] Mühe bereitet, umso mehr [muss das Einsammeln] von Sesam eine größere Mühe bereiten, sodass er es freigibt. (8.) Wie verhält es sich bei einem Kav Datteln auf [einer Fläche von] vier Ellen [im Quadrat oder] bei einem Kav Granatäpfel auf [einer Fläche von] vier Ellen [im Quadrat]? Was ist der Grund dafür, dass [das Getreide in der Menge von] einem Kav auf [einer Fläche von] vier Ellen [im Quadrat vom Besitzer freigegeben wird]? Weil [die Menge des Getreides auf dieser Fläche] nicht so bedeutend ist, um sich die Mühe zu machen sie aufzusammeln. Ebenso sind auch ein Kav Datteln auf [einer Fläche von] vier Ellen [im Quadrat und] ein Kav Granatäpfel auf [einer Fläche von] vier Ellen [im Quadrat] nicht so bedeutend [, um sich die Mühe zu machen sie aufzulesen], sodass er sie freigibt. Oder vielleicht [muss folgendermaßen argumentiert werden]? Weil [das Einsammeln von Getreide in der Menge von einem Kav auf der Fläche von vier Ellen im Quadrat] Mühe bereitet, umso weniger bereitet [das Einsammeln von] einem Kav Datteln auf [einer Fläche von] vier Ellen [im Quadrat oder von] einem Kav Granatäpfeln auf [einer Fläche von] vier Ellen [im Quadrat] Mühe, sodass er sie nicht freigibt.

Was [ist die endgültige Entscheidung in der gesamten Argumentation]? (9.) Unentschieden.

Erklärung

(1.)„Wenn jemand verstreute Früchte [Getreide!] findet.“ [Bei] wie vielen [auf welcher Fläche gelten sie als verstreut]?“
Die Gmara bemüht sich hier darum, eine passende Definition für „verstreute Früchte“ zu finden. Zunächst wird die Frage gestellt, in welchem Verhältnis die Menge der Früchte zur Größe des Fundortes stehen müssen, um als „verstreute Früchte“ gelten zu können. Unter „Früchte“ versteht man zunächst allgemein Früchte, im besonderen Sinn aber Getreide.

(2.) „Es sagte Rabbi Jizchak: Ein Kav [Getreide] auf [einer Fläche von] vier Ellen [im Quadrat].“
Ein Kav ist ein altes Hohlmaß für festes Material, dessen Füllmenge heute nicht mehr exakt bestimmt werden kann, aber zwischen 1,4 l und 2,020 l liegen muss. Nach Rabbi Jizchak sind ein Kav Getreide auf eine Fläche von vier Ellen im Quadrat, also auf 16 Quadratellen, als „verstreute Früchte“ zu betrachten. Offensichtlich braucht der Finder in diesem Fall seinen Fund nicht zu melden. Dagegen muss der Fund von einem Kav Getreide auf einer kleineren Fläche angegeben werden.

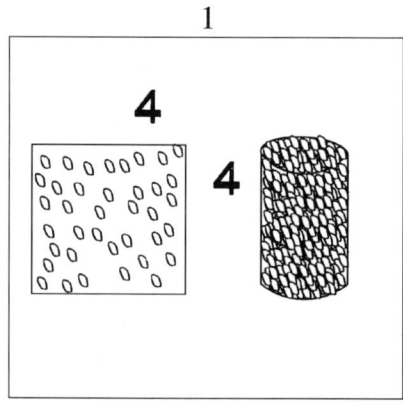

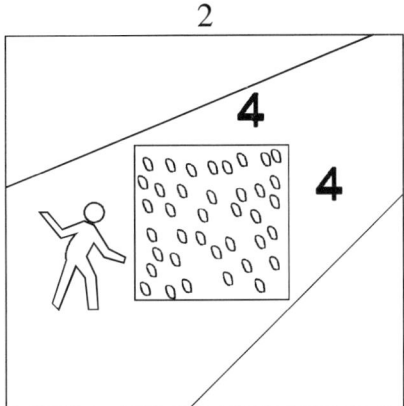

(3.) „In welchem Fall [gilt dies]? Liegen sie wie hingefallen, so sollte das doch sogar auch dann gelten, wenn es mehr sind; und liegen sie wie hingelegt, so sollte das sogar auch dann nicht gelten, wenn es weniger sind!"

Wie oben deutlich wurde, bestimmt R. Jizchak den Begriff „verstreute Früchte" als den Fund von einem Kav Getreide, auf einer Fläche von 16 Quadratellen. Die Definition lässt in dieser Form einen noch zu weiten Interpretationsspielraum. Daher versucht die Gmara, sie im Folgenden zu verfeinern und einen Fall zu finden, auf den die Definition von R. Jizchak zutrifft. Wenn nun die „verstreuten Früchte" den Eindruck erwecken, dass sie heruntergefallen und nicht hingelegt worden sind, so sollte der Finder seinen Fund selbst bei einer größeren Menge als der von Rabbi Jizchak genannten, nicht bekannt machen müssen, da sie über keinen Hinweis auf den Eigentümer verfügen, der Eigentümer nicht mehr mit ihrer Rückbringung rechnet und sie deshalb aufgibt.

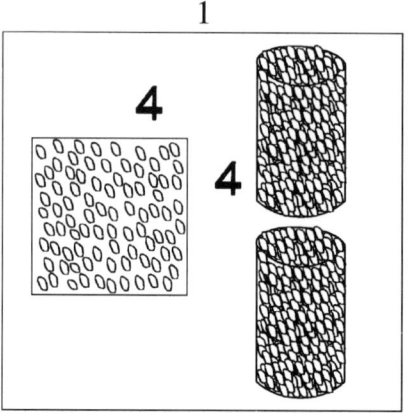

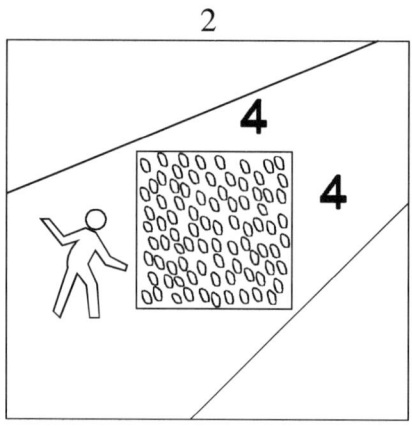

Wenn die „verstreuten Früchte" den Eindruck erwecken, dass sie absichtlich hingelegt worden sind, so sollte der Finder den Fund selbst bei einer kleineren Menge als der von Rabbi Jizchak genannten, melden müssen, weil der Eigentümer sie so hingelegt hat, um sie später zu holen.

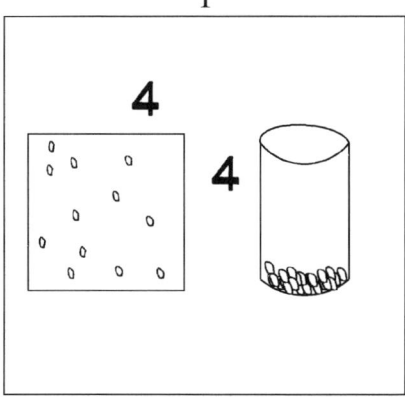

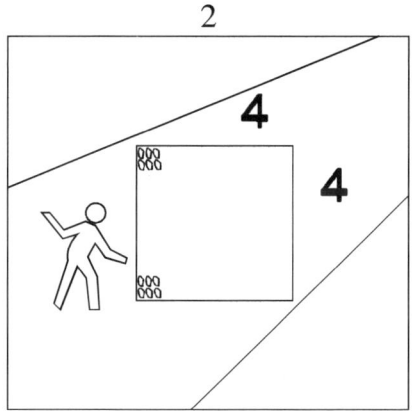

(4.) „Es sagte Rav Ukva bar Chama: Mit der Einbringungszeit in
die Tennen beschäftigen wir uns. [Das Einsammeln] von einem
Kav [Getreide] auf [einer Fläche von] vier Ellen [im Quadrat] ist
eine große Mühe. Da sich keiner die Mühe macht und zurückkommt und es holt, gibt er [der Eigentümer] es frei. Auf einer
kleineren [Fläche] als diese macht der Eigentümer sich die Mühe
und kommt zurück und holt es und gibt es nicht frei."

Rav Ukva bar Chama bezieht die Definition der „verstreuten
Früchte" von R. Jizchak auf die Situation während der Ernte, in
der das Getreide auf einen Sammelplatz angehäuft wird, und
nicht auf den Fall, in dem jemand das Getreide an einem öffentlichen Ort findet. Für den Besitzer ist das Auflesen von einem Kav
Getreide auf einer Fläche von 16 Quadratellen mit einer großen
Mühe verbunden. Aus diesem Grund kann angenommen werden,
dass der Inhaber nicht mehr zurückkommt, um seinen Besitz auf-

zulesen, sondern ihn freigegeben hat und der Finder seinen Fund nicht melden muss. Infolgedessen wird sich der Besitzer bei einem Kav Getreide auf einer kleineren Fläche als 16 Quadratellen die Mühe geben, die Körner einzusammeln und gibt sie daher nicht frei. Aus diesem Grund sollte der Finder seinen Fund melden.

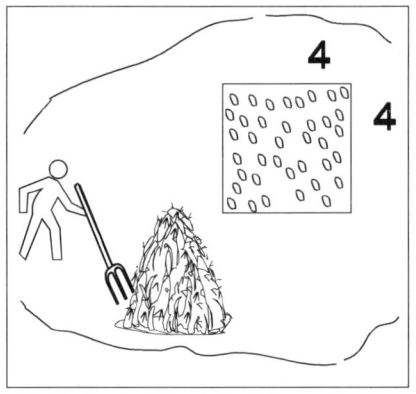

(5.) „Es fragte Rabbi Jirmeja: Wie verhält es sich mit einem halben Kav [Getreide] auf [einer Fläche von] zwei Ellen? Was ist der Grund dafür, dass [das Getreide in der Menge von] einem Kav auf [einer Fläche von] vier Ellen [im Quadrat vom Besitzer freigegeben wird]? Weil es Mühe bereitet. [Das Einsammeln von] einem halben Kav [Getreide] auf [einer Fläche von] zwei Ellen gibt er nicht frei, weil es keine Mühe bereitet. Oder vielleicht [muss folgendermaßen argumentiert werden]? Weil [die Menge des Getreides auf der Fläche von vier Ellen im Quadrat] nicht so bedeutend ist, [um sich die Mühe zu machen es aufzusammeln, um so mehr ist] ein halbes Kav [Getreide] auf [einer Fläche von] zwei Ellen unbedeutend, sodass er es freigibt."

Wie sieht nun die Meldepflicht von Funden aus, wenn ein anderes Verhältnis zwischen Fundmenge und Flächengröße vorliegt? In den folgenden Schritten bemüht sich nun die Gmara, dieses Problem anhand des Verhältnisses verschiedener Fundmengen und Flächengrößen zu beantworten. Dabei geht sie nach einem bestimmten Schema vor, in dem der Arbeitsaufwand seitens des Besitzers zur Ermessensgrundlage gemacht wird. Die Vorgehensweise der Gmara zeugt von einer beeindruckenden Genauigkeit und Umsicht gegen andere mögliche Perspektiven. Dem ersten, durchaus nachvollziehbaren Argument folgt immer ein zweites Argument, das im unmittelbaren Gegensatz zum ersten steht, aber ebenso einleuchtend und vernünftig ist. Zunächst stellt Rabbi Jirmeja die Frage, wie die Meldepflicht des Fundes zu beurteilen ist, wenn jemand während der Erntezeit ein halbes Kav auf einer Fläche von „zwei Ellen" findet. Ausgangspunkt für die Argumentation ist die Definition der „verstreuten Früchte" als ein Kav Getreide auf einer Fläche von 16 Quadratellen. In dem hier erörterten Fall entsteht der Eindruck, dass die Gmara von der Hälfte der Getreidemenge spricht, die sich auf der Hälfte der Fläche, nämlich auf acht Quadratellen befindet.

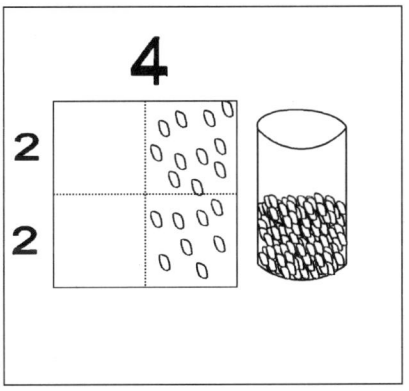

In den Tossafot taucht die Überlegung auf, warum in diesem Fall Rabbi Jirmeja überhaupt die Frage nach dem Rechtsverhältnis stellt. Denn schließlich bleibt das Verhältnis zwischen einem Kav Getreide auf 16 Quadratellen und einem halben Kav auf acht Quadratellen gleich. Mit der Überlegung möchten die Tossafot darauf hinweisen, dass R. Jirmeja nicht eine Fläche von zwei Ellen mal vier Ellen, sondern zwei Ellen im Quadrat meint. Die erste Überlegung, die auch in diesem Fall eine Meldepflicht erkennen zu können glaubt, ist folgende: Wenn die Begründung dafür, dass derjenige, der ein Kav Getreide auf einer Fläche von 16 Quadratellen findet, seinen Fund nicht bekannt geben muss, die ist, dass selbstverständlich der Arbeitsaufwand für den Besitzer zu groß ist, das Getreide aufzulesen und er es deswegen freigibt, dann wird er ein halbes Kav auf einem Viertel der Fläche auf keinen Fall aufgeben, weil der Arbeitsaufwand sehr viel geringer ist. In diesem Fall müsste der Finder den Fund melden. In der ersten Begründung wird die sehr viel kleinere Fläche und der damit verbundene geringere Arbeitsaufwand zum ausschlaggebenden Argument gemacht. Die zweite Begründung kann keine Meldepflicht des Finders erkennen: Wenn die Begründung dafür, dass derjenige, der ein Kav Getreide auf einer Fläche von vier Ellen im Quadrat findet, seinen Fund nicht bekannt geben muss, die ist, dass der Fund für den Besitzer nicht wertvoll genug ist, um sich die Mühe zu machen, das Getreide aufzulesen und er es deswegen freigibt, dann wird er die Hälfte der Menge erst recht aufgeben, da ihr Wert weitaus geringer ist. Im letzten Fall sollte der Finder seinen Fund nicht melden müssen. Wie erkennbar ist, wird die Betonung der Argumentation auf den Wert des Getreides gelegt. Aus der geringen Menge kann man schließen, dass der Wert für den Besitzer nicht groß genug ist, um sich die Mühe zu machen, noch einmal zurückzu- kommen.

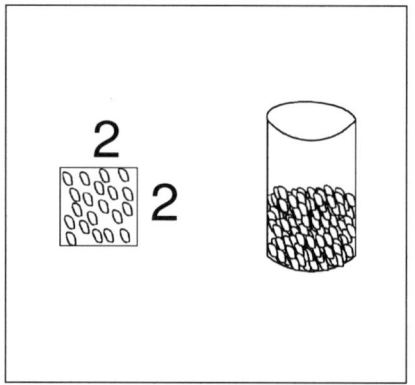

(6.) „Wie verhält es sich mit zwei Kav [Getreide] auf [einer Fläche von] acht Ellen [im Quadrat]? Was ist der Grund dafür, dass [das Getreide in der Menge von] einem Kav auf [einer Fläche von] vier Ellen [im Quadrat vom Besitzer freigegeben wird]? Weil es Mühe bereitet. Umso eher gibt [der Besitzer das Getreide in der Menge von] zwei Kav auf [einer Fläche von] acht Ellen [im Quadrat] frei, weil es eine größere Mühe bereitet. Oder vielleicht [muss folgendermaßen argumentiert werden]? Weil [die Menge des Getreides auf der Fläche von vier Ellen im Quadrat] nicht so bedeutend ist, [um sich die Mühe zu machen es aufzusammeln,] sind zwei Kav [Getreide] auf [der Fläche von] acht Ellen [im Quadrat] bedeutender, so dass er es nicht freigibt."

Im nächsten Schritt wird nun gefragt, wie es sich mit der Meldepflicht verhält, wenn die Menge der Körner doppelt und die Fundfläche vierfach größer ist als in der Ausgangsdefinition. Auch hier werden Argument und Gegenargument aufgeführt. Wenn die Begründung dafür, dass derjenige, der ein Kav Getreide auf einer Fläche von 16 Quadratellen findet, seinen Fund nicht bekannt geben muss, die ist, dass der Arbeitsaufwand für den Besitzer zu groß ist, das Getreide aufzulesen und er es deswegen freigibt, dann wird er zwei Kav Getreide auf einer vierfach so großen Fläche erst recht aufgeben, da der Arbeitsaufwand noch sehr viel größer ist. Der Finder sollte demnach nicht zur Bekanntmachung des Fundes verpflichtet sein. Im ersten Argument liegt die Betonung auf der vierfachen Größe des Fundortes, die das Auflesen des Getreides erheblich erschwert. Im Gegenargument wird das Verhältnis aus einem anderen Blickwinkel gesehen. Hier steht der doppelte Wert des Getreides im Vordergrund. Da ein Kav Getreide auf einer Fläche von 16 Quadratellen einen zu geringen Wert darstellt, um es einzusammeln und deshalb vom Besitzer freigegeben wird, um wie viel wertvoller wird das Doppelte der Menge auf einer Fläche von acht Ellen im Quadrat sein, so dass es der Besitzer nicht freigeben wird und sich vielmehr die Mühe machen wird es einzusammeln. Aus diesem Grund sollte der Finder den Fund melden müssen.

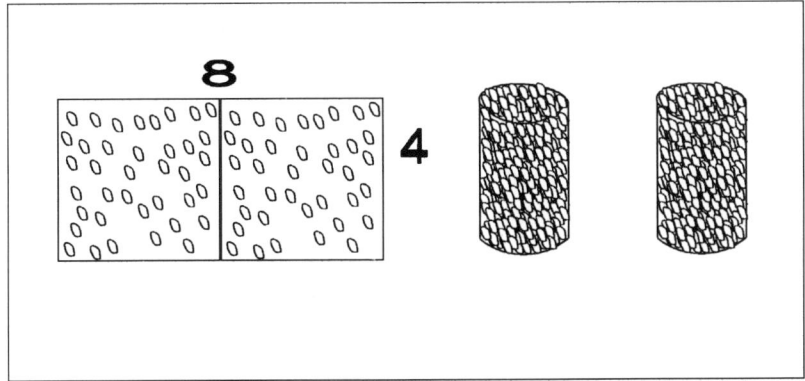

(7.) „Wie verhält es sich mit einem Kav Sesam auf [einer Fläche von] vier Ellen [im Quadrat]? Was ist der Grund dafür, dass [das Getreide in der Menge von] einem Kav auf [einer Fläche von]

vier Ellen [im Quadrat vom Besitzer freigegeben wird]? Weil [die Menge] nicht so bedeutend ist, um sich die Mühe zu machen es einzusammeln. Und da Sesam wertvoll ist, gibt er es nicht frei. Oder vielleicht [muss folgendermaßen argumentiert werden]? Weil [das Einsammeln von Getreide in der Menge von einem Kav auf der Fläche von vier Ellen im Quadrat schon] Mühe bereitet, umso mehr [muss das Einsammeln] von Sesam eine größere Mühe bereiten, sodass er es freigibt."

Während die Gmara bei den bislang vorgenommenen Untersuchungen der Verhältnisse immer mit dem Getreide als Erntegut argumentiert, versucht sie nun, die Rechtslage bezüglich anderer Ernteerträge zu klären. Es geht im Folgenden um Sesam, der zur damaligen Zeit ein offensichtlich wertvolles Produkt war. Muss der Fund von einem Kav Sesam auf einer Fläche von vier Ellen im Quadrat gemeldet werden, oder nicht? Wenn ein Kav Getreide auf einer Fläche von 16 Quadratellen nicht wertvoll genug ist, um von seinem Besitze eingesammelt zu werden und vom Besitzer freigegeben wird, dann wird der Besitzer ein Kav Sesam auf der gleichen Flächengröße, der wesentlich wertvoller ist, auf keinen Fall freigeben. In diesem Fall müsste der Finder den Fund melden. Hier steht der Wert des Sesams als ausschlaggebendes Argument im Vordergrund. Dagegen könnte aber auch folgendermaßen argumentiert werden: Wenn die Begründung dafür, dass derjenige, der ein Kav Getreide auf einer Fläche von 16 Quadratellen findet, seinen Fund nicht bekannt geben muss, die ist, dass der Arbeitsaufwand für den Besitzer zu groß ist, das Getreide aufzulesen und er es deswegen freigibt, dann wird er erst recht die gleiche Menge an Sesam auf der gleichen Flächengröße aufgeben, da der Arbeitsaufwand wegen der viel kleineren Körner noch größer ist. Nach dieser Überlegung müsste der Finder seinen Fund nicht melden. Das entscheidende Argument in der Begründung ist die Größe des Sesamkorns, dass nicht so schnell wie Getreidekörner eingesammelt werden kann.

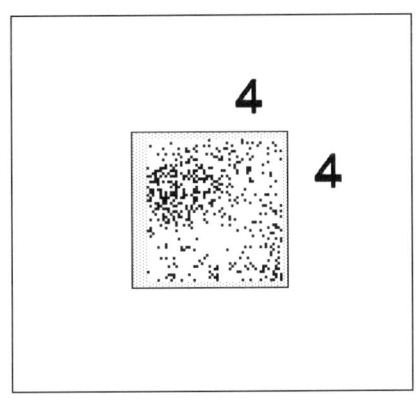

(8.) „Wie verhält es sich bei einem Kav Datteln auf [einer Fläche von] vier Ellen [im Quadrat oder] bei einem Kav Granatäpfel auf [einer Fläche von] vier Ellen [im Quadrat]? Was ist der Grund dafür, dass [das Getreide in der Menge von] einem Kav auf [einer Fläche von] vier Ellen [im Quadrat vom Besitzer freigegeben wird]? Weil [die Menge des Getreides auf dieser Fläche] nicht so bedeutend ist [um sich die Mühe zu machen sie aufzusammeln]. Ebenso sind auch ein Kav Datteln auf [einer Fläche von] vier Ellen [im Quadrat und] ein Kav Granatäpfel auf [einer Fläche von] vier Ellen [im Quadrat] nicht so bedeutend [um sich die Mühe zu machen sie aufzulesen], sodass er sie freigibt. Oder vielleicht [muss folgendermaßen argumentiert werden]? Weil [das Einsammeln von Getreide in der Menge von einem Kav auf der Fläche von vier Ellen im Quadrat] Mühe bereitet, umso weniger bereitet [das Einsammeln von] einem Kav Datteln auf [einer Fläche von] vier Ellen [im Quadrat oder von] einem Kav Granatäpfeln auf [einer Fläche von] vier Ellen [im Quadrat] Mühe, sodass er sie nicht frei gibt. "Wie ist denn mit dem Fund von einem Kav Datteln oder einem Kav Granatäpfeln auf einer Fläche von 16 Quadratellen umzugehen? Wenn schon das Auflesen von einem Kav Getreide auf einer Fläche von vier Ellen im Quadrat einen zu geringen Wert darstellt, wird auch das Auflesen der gleichen Menge an Datteln oder Granatäpfeln auf der gleichen Fläche einen großen, vergleichbaren Wert darstellen. Der Besitzer würde sie aufgeben und der Finder müsste seinen Fund nicht bekannt machen. In der ersten Begründung wird darauf hingewiesen, dass es sich in beiden Fällen um eine Analogie handelt. Die zweite Argumentation stützt sich darauf, dass die Datteln und Granatäpfel wesentlich größer sind als Getreidekörner. Wenn das Auflesen von einem Kav Getreide auf einer Fläche von 16 Quadratellen einen großen Arbeitsaufwand bedeutet, wird das Aufsammeln von Datteln oder gar Granatäpfeln, die sehr viel größer sind, eine geringere Mühe erfordern. In diesem Fall würde der Besitzer die Früchte nicht freigeben und der Finder müsste seinen Fund melden.

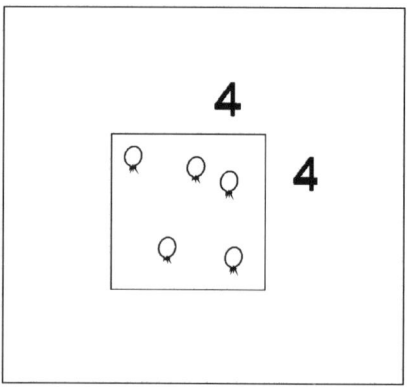

(9.) „Unentschieden."

Das Rechtsverhältnis kann nicht eindeutig geklärt werden. Daher bleibt die Frage nach der Meldepflicht unbeantwortet. Hier wird nun der Grundsatz Safek le Chumra- ספק לחומרה angewandt; in Zweifelsfällen wird das strengere Urteil vorgezogen. Es wird die Aufgabe des Messias sein, in dieser Sache eine endgültige Entscheidung festzulegen.

Schautafel

Verstreute Früchte im öffentlichen Raum

Situation	Urteil	Begründung
„Verstreute Früchte", die sich in einem öffentlichen Raum befinden und den Eindruck erwecken, als wären sie **hingefallen.**	Der Fund muss **dann** nicht gemeldet werden, **auch** wenn **mehr** als ein Kav auf 16 Quadratellen gefunden wurde.	Die Früchte tragen keinen Hinweis auf den Besitzer. Daher rechnet dieser nicht mit dem Rückerhalt des Besitzes. Sie stehen der Öffentlichkeit zur Verfügung, da der ehemalige Besitzer sie freigegeben hat.
„Verstreute Früchte", die sich auf einem öffentlichen Raum befinden und den Eindruck erwecken, als wären sie **hingelegt.**	Der Fund sollte auch dann gemeldet werden, wenn **weniger** als ein Kav auf 16 Quadratellen gefunden wird.	Wenn der Besitzer die Früchte hingelegt hat, wird er sie nicht freigeben, sondern später wiederkommen, um sie abzuholen.

Verstreute Früchte während der Erntezeit

Fund von einem Kav Früchte auf 16 Quadratellen	Der Fund muss nicht bekannt gemacht werden.	Der Besitzer hat die Früchte wegen des hohen Arbeitsaufwandes freigegeben.
Fund von einem Kav Früchte auf weniger als 16 Quadratellen	Der Fund muss gemeldet werden.	Der Besitzer hat die Früchte wegen des geringen Arbeitsaufwandes nicht freigegeben.
Fund von einem halben Kav Früchte auf vier Quadratellen	Der Fund muss gemeldet werden.	Unentschieden, daher wird das strengere Urteil vorgezogen.
Fund von zwei Kav Früchte auf 64 Quadratellen	Der Fund muss gemeldet werden.	Unentschieden, daher wird das strengere Urteil vorgezogen
Fund von einem Kav Sesam auf 16 Quadratellen	Der Fund muss gemeldet werden.	Unentschieden, daher wird das strengere Urteil vorgezogen
Fund von einem Kav Datteln oder Granatäpfeln auf 16 Quadratellen	Der Fund muss gemeldet werden.	Unentschieden, daher wird das strengere Urteil vorgezogen

135

Halacha

Wenn jemand „verstreute Früchte" auf einem öffentlichen Gebiet findet und sie den Eindruck erwecken, dass sie hingelegt wurden, muss er sie auch dann ausrufen, wenn es sich dabei um weniger als ein Kav auf einer Fläche von vier Quadratellen handelt. Wenn die Früchte den Eindruck erwecken, dass sie hingefallen sind, muß der Finder den Fund nicht melden, selbst wenn es sich um mehr als ein Kav auf 16 Quadratellen handelt.
(Joseph ben Efraim Karo: Schulchan Aruch, Choschen Mischpat, Kap. 262, § 7.)

Wenn jemand „verstreute Früchte" während der Erntezeit findet und es sich dabei um ein Kav auf vier Quadratellen handelt, braucht er seinen Fund nicht bekannt zu geben, weil sich der Besitzer nicht die Mühe machen wird, sie aufzusammeln und sie daher freigibt. Findet er ein Kav auf weniger als vier Quadratellen, muss er seinen Fund bekannt machen, da der Arbeitsaufwand geringer ist und der Besitzer zurückkommen wird, um die Früchte aufzusammeln. In Zweifelsfällen muss der Fund ausgerufen werden, da der Grundsatz Safek le chumra ספק לחומרה angewendet wird. Dieser Grundsatz besagt, dass im Zweifelsfall die strengeren Richtlinien anzulegen sind. In solch einem Fall kann der Fund also nicht behalten werden.
(RaMBa"M: Hilchot Gsela we-Aveda, Kap. 89, § 12.)

Die Quellen in der Tora

לֹא תִשָּׂא שֵׁמַע שָׁוְא אַל תָּשֶׁת יָדְךָ עִם רָשָׁע לִהְיֹת עֵד חָמָס.

שמות כ"ג, א'

לֹא יָקוּם עֵד אֶחָד בְּאִישׁ לְכָל עָוֹן וּלְכָל חַטָּאת בְּכָל חֵטְא אֲשֶׁר יֶחֱטָא עַל פִּי שְׁנֵי עֵדִים אוֹ עַל פִּי שְׁלֹשָׁה עֵדִים יָקוּם דָּבָר.

דברים י"ט, ט"ו

דף ל"א, ע"א	פרק ג	סנהדרין	זה בורר

משנה Mischna

כל זמן שמביא ראיה- סותר את הדין. אמר לו : כל ראיות שיש לך- הבא מיכן עד שלשים יום, מצא בתוך שלשים יום- סותר, לאחר שלשים יום- אינו סותר. אמר רבן שמעון בן גמליאל: מה יעשה זה שלא מצא בתוך שלשים, ומצא לאחר שלשים? אמר לו הבא עדים, ואמר : אין לי עדים. אמר : הבא ראיה, ואמר : אין לי ראיה. ולאחר זמן הביא ראיה, ומצא עדים- הרי זה אינו כלום. אמר רבן שמעון בן גמליאל: מה יעשה זה שלא היה יודע שיש לו עדים, ומצא עדים. לא היה יודע שיש לו ראיה, ומצא ראיה. ראה שמתחייב בדין ואמר : קרבו פלוני ופלוני ויעידוני, או שהוציא ראיה מתחת פונדתו- הרי זה אינו כלום.

גמרא Gmara

(1.) אמר רבה בר רב הונא : הלכה כרבן שמעון בן גמליאל. ואמר רבה בר רב הונא : אין הלכה כדברי חכמים. (2.) פשיטא, כיון דאמר הלכה כרבן שמעון בן גמליאל-ממילא ידענא דאין הלכה כחכמים! (3.) מהו דתימא : הני מילי- לכתחילה, אבל דיעבד- שפיר דמי, קא משמע לן : דאי עביד מהדרינן ליה. (4.) "אמר לו הבא עדים כו' אמר רבן שמעון בן גמליאל כו' ". אמר רבה בר רב הונא אמר רבי יוחנן : הלכה כדברי חכמים, ואמר רבה בר רב הונא אמר רבי יוחנן : אין הלכה כרבן שמעון בן גמליאל. (5.) פשיטא, כיון דאמר הלכה כדברי חכמים-ממילא ידענא דאין הלכה כרבן שמעון בן גמליאל! (6.) הא קא משמע לן : דבההיא אין הלכה כרבן שמעון בן גמליאל, הא בכולהו- הלכה כרבן שמעון בן גמליאל. (7.) לאפוקי מהא דאמר רבה בר בר חנה אמר רבי יוחנן : כל מקום ששנה רבן שמעון בן

137

גמליאל במשנתנו- הלכה כמותו, חוץ מערב וצידן וראיה אחרונה. (8.)
ההוא ינוקא דתבעוהו לדינא קמיה דרב נחמן. אמר ליה: אית לך סהדי? -
אמר ליה: לא. אית לך ראיה? אמר ליה:לא. חייביה רב נחמן. הוה קא בכי
ואזיל. (9.) שמעוהו הנך אינשי, אמרו ליה: אנן ידעינן במילי דאבוך. (10.)
אמר רב נחמן: בהא אפילו רבנן מודו, דינוקא במילי דאבוה לא ידע.

Die Quellen in der Tora

"Du sollst ein falsches Gerücht nicht weitertragen. Reiche deine
Hand nicht dem Frevler, um ein falscher Zeuge zu sein."
Ex. 23,1.

„Ein einzelner Zeuge soll nicht gegen einen Mann auftreten wegen irgendeines Vergehens oder wegen irgendeiner Sünde. Bei
jeder Sünde, die er sündigt, muss die Sache nach Aussage zweier
Zeugen oder nach Aussage dreier Zeugen bestätigt werden."
Dtn. 19,15.

Se Borer   Sanhedrin   Kapitel 3   Blatt 31a

Mischna

[Fall A:] Jedes Mal, wenn er [der Beweispflichtige] einen [neuen]
Beweis erbringt, wird das Urteil umgestoßen.

1

[Fall B:] Sagt man [das Gericht] ihm [dem Beweispflichtigen]: Erbringe alle Beweise, die du hast, innerhalb von dreißig Tagen. Hat er sie innerhalb von dreißig Tagen gefunden, so ist [das Urteil] umgestoßen; [hat er sie] nach dreißig Tagen [gefunden], so [ist das Urteil] nicht umgestoßen.

Es sagte Rabban Schimon ben Gamliel: Was kann dieser dafür, dass er [die Beweise] nicht innerhalb von dreißig Tagen, sondern erst nach den dreißig Tagen gefunden hat.

[Fall C:] Sagt man [das Gericht] ihm: Bringe Zeugen, und er entgegnet: Ich habe keine Zeugen; sagt man: Bringe einen [anderen] Beweis, und entgegnet er: Ich habe keinen [anderen] Beweis, und bringt nach einer Zeit [doch] einen Beweis, und findet [doch] einen Zeugen, so sind diese ungültig.

Es sagte Rabban Schimon ben Gamliel: Was kann dieser dafür, dass er nicht [schon früher] wusste, dass er Zeugen hat und die Zeugen [erst später] fand, und er nicht [schon früher] wusste, dass er einen Beweis hat und den Beweis [erst später] fand.

[Fall D:] Wenn er [während einer Gerichtssitzung nach Beweisen gefragt wird, aber keine vorlegen kann und noch während der Sitzung] einsieht, dass er im Prozess schuldig gesprochen werden wird und sagt: Lasst den und den hervortreten, damit sie für mich bezeugen, oder den Beweis aus seinem Geldgürtel hervorholt, so ist das [der Versuch neue Beweise zu erbringen] ungültig.

Gmara

(1.)" Es sagte Rabba bar Rav Huna: Die Halacha ist wie Rabban Schimon ben Gamliel. Und Rabba bar Rav Huna sagte [ferner]: Die Halacha ist nicht wie die Worte der Weisen. (2.) Selbstverständlich, weil er gesagt hat, die Halacha sei wie Rabban Schimon ben Gamliel, wissen wir ja [schon], dass die Halacha nicht wie die Worte der Weisen ist. (3.) Man könnte denken, dass sich die Worte [nämlich die Aussage, dass die Halacha wie Rabban Schimon ben Gamliel ist,] auf die Situation vor dem Vorgang [der Entscheidung in der Berufungsinstanz] beziehen, aber wenn es [die Entscheidung in der Berufungsinstanz schon] geschehen ist, es dabei bleibe [nämlich bei dem Urteil]. Er lässt uns [jedoch] wissen, dass, wenn es bereits passiert ist, man [das Urteil] aufhebe. (4.) „Sagt man ihm: Bringe Zeugen, usw. - Es sagte Rabban Schimon ben Gamliel, usw." Rabba bar Rav Huna sagte, Rabbi Jochanan habe gesagt: Die Halacha ist wie die Worte der Weisen. Rabba bar Rav Hhuna sagte [ferner], Rabbi Jochanan habe gesagt: Die Halacha ist nicht wie Rabban Schimon ben Gamliel. (5.) Selbstverständlich, weil er gesagt hat, die Halacha sei wie die Worte der Weisen, wissen wir ja [schon], dass die Halacha nicht wie Rabban Schimon ben Gamliel ist. (6.) Folgendes lässt er uns [jedoch] wissen, dass zwar diese Halacha nicht wie Rabban Schimon ben Gamliel ist, sonst aber überall die Halacha wie Rabban Schimon ben Gamliel ist. (7.) Das schließt das aus, was Rabba bar Bar Chana im Namen von Rabbi Jochanan sagte: An jeder Stelle, an der Rabban Schimon ben Gamliel etwas in unserer Mischna lehrt, ist die Halacha wie er, ausgenommen [die Lehre] vom Bürgen,[14] vom [Ereignis in] Zidan[15] und vom letzten [nachträglichen] Beweis. (8.) Es wurde ein Kind, vor dem Gericht des Rav Nachman angeklagt. Dieser fragte es: Hast du Zeugen? Es antwortete ihm: Nein. Hast du einen Beweis? Es antwortete ihm: Nein. Rav Nachman verurteilte es. So weinte es und ging hinweg. (9.) Einige Leute hörten es und sagten zu ihm: Wir kennen die Angelegenheiten deines Vaters. (10.) Es sagte Rav Nachman: Hierin geben sogar die Weisen zu, dass ein Kind nicht die Angelegenheiten seines Vaters kennen kann."

Erklärung

1.) „Es sagte Rabba bar Rav Huna: Die Halacha ist wie Rabban Schimon ben Gamliel. Und Rabba bar Rav Huna sagte [ferner]: Die Halacha ist nicht wie die Worte der Weisen."
Gegenstand der Diskussion ist „Fall B" der Mischna. Rabban Schimon ben Gamliel plädiert im Gegensatz zu den Weisen dafür, dass auch noch nach der gesetzten Frist von dreißig Tagen Beweise zugelassen werden können, wenn der Beweispflichtige sie nicht früher erbringen konnte. Rabba bar Rav Huna befürwortet die Argumentation von Rabban Schimon ben Gamliel.
2.) „Selbstverständlich, weil er gesagt hat, die Halacha sei wie Rabban Schimon ben Gamliel, wissen wir ja [schon], dass die Halacha nicht wie die Worte der Weisen ist."
Erstaunlicherweise wiederholt Rabba bar Rav Huna seine zuvor positiv formulierte Aussage in negativer Form. Die Gmara stellt nun indirekt die Frage nach dem Grund für die scheinbar überflüssige Wiederholung Rabba bar Rav Hunas.

3.) „Man könnte denken, dass sich die Worte [nämlich der Aussage, dass die Halacha wie Rabban Schimon ben Gamliel ist,] auf die Situation vor dem Vorgang [der Entscheidung in der Berufungsinstanz] beziehen, aber wenn es [die Entscheidung in der Berufungsinstanz] geschehen ist, es dabei bleibe [nämlich bei

---

[14] Baba Batra 173b.
[15] Gittin 74a.

dem Urteil]. Er lässt uns [jedoch] wissen, dass, wenn es bereits passiert ist, man [das Urteil] aufhebe."

Zum besseren Verständnis dieser Argumentation müssen zunächst die beiden Begriffe lechatchila- לכתחילה und Diawad-דיעבד näher erklärt werden. Der Begriff לכתחילה meint soviel wie „vor Beginn der Handlung" oder „der vorgeschriebene Ablauf der Handlung"; dagegen bezeichnet דיעבד die abgeschlossene Handlung, die entweder nachträglich anerkannt oder abgelehnt wird. Entsprechend lässt sich דיעבד mit „wenn es bereits getan wurde" übersetzen. Wie in 1 in Bezug auf „Fall B" festgestellt, kann der Beweispflichtige entsprechend der Meinung von Rabban Schimon ben Gamliel auch noch nach der gesetzten Frist von dreißig Tagen Beweise einreichen, sofern es ihm nicht früher möglich war sie zu erbringen. Man könnte nun daraus schließen, dass der Aussage von Rabban Schimon ben Gamliel zufolge der Beweispflichtige entsprechend der vorgeschriebenen Ordnung zwar prinzipiell die Möglichkeit hat, Beweise nachzureichen, aber wenn das Gericht die Möglichkeit des nachträglichen Einreichens von Beweisen ignorierte, das Urteil dennoch gültig ist und bestätigt wird. Mit der zu Beginn überflüssig erscheinenden Wiederholung, die Halacha folge nicht der Ansicht der Weisen, möchte Rabba bar Rav Huna darauf hinweisen, dass das erste Urteil nicht bestätigt werden kann. Stattdessen lösen die neuen Beweise ein Berufungsverfahren aus. Der Prozess muss also unbedingt erneut aufgenommen werden.

4.) „´Sagt man ihm: Bringe Zeugen, usw. - Es sagte Rabban Schimon ben Gamliel, usw.` Rabba bar Rav Huna sagte, Rabbi Jochanan habe gesagt: Die Halacha ist wie die Worte der Weisen. Rabba bar Rav Chuna sagte [ferner], Rabbi Jochanan habe gesagt: Die Halacha ist nicht wie Rabban Schimon ben Gamliel."

Wie bereits am Zitat erkennbar, beschäftigt sich die Gmara mit dem „Fall C" der Mischna. Es geht dabei um die Situation, in der der Beweispflichtige vor Gericht die Existenz von Beweisen oder Zeugen ausdrücklich verneint hat, aber nach einer gewissen Zeit doch welche vor das Gericht bringt. Die Weisen lehnen diese Beweise oder Zeugen ab, weil sie befürchten, dass der Beweispflichtige sein Interesse mit unlauteren Mitteln zu erreichen versucht. Rabban Schimon ben Gamliel widerspricht der Entscheidung der Weisen. Ihm ist natürlich durchaus die Möglichkeit bewusst, dass der Beweispflichtige falsche Beweise oder Zeugen angibt, jedoch muss dies nicht zwingend der Fall sein. Seiner Ansicht nach kann der Beweispflichtige nichts dafür, dass er nach einer gewissen Zeit doch noch welche entdeckte. Weil eine solche Situation vorkommen kann, möchte Rabban Schimon ben Gamliel die nachträglichen Beweise und Zeugen zulassen. Dagegen folgt Rabba bar Rav Huna mit den Worten Rabbi Jochanans der Entscheidung der Weisen.

5.) „Selbstverständlich, weil er gesagt hat, die Halacha sei wie die Worte der Weisen, wissen wir ja [schon], dass die Halacha nicht wie Rabban Schimon ben Gamliel ist."
Auch hier wiederholt Rabba bar Rav Huna im Namen von Rabbi Jochanan die zuvor positiv formulierte Aussage in negativer Form. Erneut stellt die Gmara die indirekte Frage nach dem Grund für die scheinbar überflüssige Wiederholung.

6.) „Folgendes lässt er uns [jedoch] wissen, dass zwar diese Halacha nicht wie Rabban Schimon ben Gamliel ist, sonst aber überall die Halacha wie Rabban Schimon ben Gamliel ist."
Nach der Ansicht der Gmara soll durch die scheinbar überflüssige Wiederholung etwas Wichtiges ausgesagt werden. Die erste Aussage von Rabba bar Rav Huna im Namen von Rabbi Jochanan möchte darauf hinweisen, dass sich nur in „Fall C" die Halacha nicht nach Rabban Schimon ben Gamliel richtet. Dagegen wird mit der zweiten Aussage erklärt, dass an allen anderen Stellen der gesamten Mischna, in denen Rabban Schimon ben Gamliel als Gegner in einer Auseinandersetzung seine Meinung kundtut, die Halacha doch der Ansicht von Rabban Schimon ben Gamliel folgt.

7.) „Das schließt das aus, was Rabba bar Bar Chana im Namen von Rabbi Jochanan sagte: An jeder Stelle, an der Rabban Schimon ben Gamliel etwas in unserer Mischna lehrt, ist die Halacha wie er, ausgenommen [die Lehre] vom Bürgen, vom [Ereignis in] Zidan und vom letzten [nachträglichen] Beweis."
Mit dieser Grundsatzentscheidung wird die Meinung Rabba bar Bar Chanas abgewiesen, die er im Namen von Rabbi Jochanan

äußert, dass bis auf drei Ausnahmen die Halacha sonst immer der Lehrmeinung Rabban Schimon ben Gamliels folgt. Bei dem zuletzt erwähnten „nachträglichen Beweis" handelt es sich um die in Fall C diskutierte Situation.

8.) „Es wurde ein Kind vor dem Gericht des Rav Nachman angeklagt. Dieser fragte es: Hast du Zeugen? Es antwortete ihm: Nein. Hast du einen Beweis? Es antwortete ihm: Nein. Rav Nachman verurteilte es. So weinte es und ging hinweg."
Die Gmara berichtet hier von einem Fall, in dem ein Kind offensichtlich nach dem Tod seines Vaters den väterlichen Besitz erbte und das Erbe gegen Gläubiger verteidigen musste. Während des Prozesses wird es von Rav Nachman nach Beweisen und Zeugen gefragt, die zu seinen Gunsten sprechen. Da das Kind nicht über die Verhältnisse des Vaters informiert war, verneint es aus Unwissenheit die Existenz der Beweise und Zeugen und verliert damit den Prozess.

9.) „Einige Leute hörten es und sagten zu ihm: Wir kennen die Angelegenheiten deines Vaters."
Nach dem Prozess müssen frühere Bekannte des Vaters, die um die genauen Verhältnisse des Verstorbenen Bescheid wussten, von dem Gerichtsurteil erfahren haben. Mit den Worten, „wir kennen die Angelegenheiten deines Vaters" signalisieren sie, dass sie dazu bereit sind, als Zeugen vor Gericht zugunsten des Kindes auszusagen. Es handelt sich also hierbei um Beweise und Zeugen, die vor Gericht zitiert werden, obwohl ihre Existenz kurz zuvor aus Unwissenheit noch verneint wurde. Diese Situation ist scheinbar mit dem „Fall C" der Mischna identisch. Der Auffassung der Meinungsgegner von Rabban Schimon ben Gamliel zufolge müssten diese Beweise und Zeugen als ungültig betrachtet werden.

10.) „Es sagte Rav Nachman: Darin geben sogar die Weisen zu, dass ein Kind nicht die Angelegenheiten seines Vaters kennen kann."
Offensichtlich wurde der Fall neu vor Gericht verhandelt. Im Gegensatz zu „Fall C" lässt Rav Nachman die Zeugen des Kindes doch noch zu. Er begründet dies damit, dass in diesem Fall selbst

die Weisen die Zeugen im Nachhinein akzeptiert hätten, da ein Kind nicht die genauen finanziellen Verhältnisse seines Vaters kennen kann. Deutlich erkennbar wird hier zwischen den Aussagen eines Minderjährigen und denen eines Erwachsenen differenziert. Als das Kind die Existenz von Beweisen und Zeugen verneinte, machte es aus Unwissenheit eine falsche Aussage, bei der sein Alter berücksichtigt werden muss.

Schautafel

Situation	die Weisen	Rabban Schimon b. Gamliel
Fall A: Wiederaufnahme des Prozesses und Berufung nach jedem neuen Beweis, ohne Nennung einer Frist	Aufhebung des Urteils, Berufung	Aufhebung des Urteils, Berufung
Fall B/1: Beibringung von Beweisen innerhalb der Frist von 30 Tagen	Aufhebung des Urteils, Berufung	Aufhebung des Urteils, Berufung
Fall B/2: Beibringung von Beweisen nach der Frist von 30 Tagen	Bestätigung des Urteils	Aufhebung des Urteils, Berufung
Fall C: Beibringung von neuen Beweisen, obwohl ihre Existenz zuvor verneint wurde	Bestätigung des Urteils	Aufhebung des Urteils, Berufung
Fall D: Spontane Beweisvorlage während einer Gerichtsverhandlung, um das absehbare, ungünstige Urteil abzuwenden	Bestätigung des Urteils	Bestätigung des Urteils

Halacha

„Fall A" der Mischna ist Halacha. In „Fall B" der Mischna folgt die Halacha Rabban Schimon ben Gamliel. Damit müssen auch noch, nachdem die Frist von dreißig Tagen verstrichen ist, Beweise oder Zeugen zugelassen werden. Sollte davor ein Urteil gefällt worden sein, so ist das Urteil zu revidieren. „Fall C" der Mischna ist Halacha. „Fall D" der Mischna ist Halacha. In Bezug auf minderjährige Beweispflichtige können auch nach einem negativen Prozessausgang noch Beweise oder Zeugen zugelassen werden.

(Joseph ben Efraim Karo: Schulchan Aruch, Choschen Mischpat, Kap. 30, § 2.)

Zu Beginn des Buches wurde der erste Teil der Gmara von Brachot 28b erörtert. Zum Ausgang des Buches soll nun der Blick auf den Lohn des Torastudiums in der jenseitigen Welt (Olam haba- עולם הבא) gelenkt werden.

גמרא Gmara

(1.) תנו רבנן : כשחלה רבי אליעזר, נכנסו תלמידיו לבקרו. אמרו לו : רבינו, למדנו אורחות חיים ונזכה בהן לחיי העולם הבא. אמר להם : הזהרו בכבוד חבריכם, ומנעו בניכם מן ההגיון, והושיבום בין ברכי תלמידי חכמים, וכשאתם מתפללים- דעו לפני מי אתם עומדים, ובשביל כך תזכו לחיי העולם הבא. (2.) וכשחלה רבי יוחנן בן זכאי, נכנסו תלמידיו לבקרו. כיון שראה אותם התחיל לבכות. אמרו לו תלמידיו : נר ישראל, עמוד הימיני, פטיש החזק, מפני מה אתה בוכה? אמר להם : אילו לפני מלך בשר ודם היו מוליכין אותי, שהיום כאן ומחר בקבר, שאם כועס עלי- אין כעסו כעס עולם, ואם אוסרני- אין איסורו איסור עולם, ואם ממיתני- אין מיתתו מיתת עולם, ואני יכול לפייסו בדברים ולשחדו בממון- אף על פי כן הייתי בוכה; ועכשיו שמוליכים אותי לפני מלך מלכי המלכים הקדוש ברוך הוא, שהוא חי וקיים לעולם ולעולמי עולמים, שאם כועס עלי- כעסו כעס עולם, ואם אוסרני- איסורו איסור עולם, ואם ממיתני- מיתתו מיתת עולם, ואיני יכול לפייסו בדברים ולא לשחדו בממון ; ולא עוד, אלא שיש לפני שני דרכים, אחת של גן עדן ואחת של גיהנם, ואיני יודע באיזו מוליכים אותי- ולא אבכה?! (3.) אמרו לו : רבינו ברכנו! אמר להם : יהי רצון שתהא מורא שמים עליכם כמורא בשר ודם. אמרו לו תלמידיו : עד כאן?! אמר להם ולואי! תדעו, כשאדם עובר עבירה אומר : ״שלא יראני אדם״. (4.) בשעת פטירתו, אמר להם : פנו כלים מפני הטומאה, והכינו כסא לחזקיהו מלך יהודה שבא.

(1.) „Die Lehrer lehrten: Als Rabbi Elieser krank wurde, traten seine Schüler ein, um ihn zu besuchen. Sie sagten zu ihm: ´Unser Lehrer, lehre uns die Wege [Verhaltensregeln] des Lebens, damit wir durch sie das Leben der kommenden Welt gewinnen.` Er sagte zu ihnen: ´Achtet auf die Ehre eurer Mitgelehrten, haltet eure Kinder von der [gefährlichen] Spekulation zurück und setzt sie auf die Knie der Weisen, und wenn ihr betet, bedenket vor wem ihr steht. Dadurch werdet ihr das Leben der kommenden Welt gewinnen`. (2.) Und als Rabbi Jochanan ben Sakai krank wurde, traten seine Schüler ein, um ihn zu besuchen. Als er sie sah, begann er zu weinen. Es sagten seine Schüler zu ihm: ´Leuchte Israels, rechte Standsäule, starker Hammer, warum weinst du`? Er antwortete ihnen: ´Wenn man mich vor einen König aus Fleisch und Blut führen würde, der heute hier und morgen im Grabe ist, wenn er sich über mich erzürnt, ist es kein ewiger Zorn, wenn er mich gefangen nimmt, ist diese Gefangennahme nicht für ewig, wenn er mich tötet, ist es kein ewiges Töten , und den ich mit Worten besänftigen und mit Geld bestechen kann, würde ich trotzdem weinen. Und jetzt, da man mich vor den König der Könige, den Heiligen, gesegnet sei er, führt, der in der Ewigkeit der Ewigkeiten lebt und besteht, und wenn er sich über mich erzürnt, dann ist es ein ewiger Zorn, wenn er mich gefangen nimmt, dann ist es eine ewige Gefangennahme, wenn er mich tötet, ist es ein ewiges Töten, den ich mit Worten nicht besänftigen und nicht mit Geld bestechen kann, und damit nicht genug, sondern vor mir noch zwei Wege sind, einer zum Paradies und einer zum Hölle, und ich nicht weiß, welchen man mich führen wird, sollte ich da nicht weinen`? (3.) Sie sprachen zu ihm: ´Unser Lehrer, segne uns! ` Er sagte: ´Möge es der Wille [Gottes] sein, dass eure Furcht vor dem Himmel in euch so sei, wie die Furcht vor [einem Menschen] aus Fleisch und Blut.` Es sprachen seine Schüler: ´[Nur] bis hierher [und nicht mehr]?` Er sagte zu ihnen: ´Gäbe es Gott, dass dem so wäre! Wisset, wenn der Mensch eine Sünde begeht, spricht er: „Dass mich [bloß] kein Mensch sehe`.“ (4.) In der Stunde seines Dahinscheidens sagte er zu ihnen: ´Räumt die [Haus-]Geräte fort, wegen der Verunreinigung [durch den Toten], und richtet her den Thronstuhl für Chiskijahu, den König Jehudas, der da kommt`.“

Erklärung

(1.) „Die Lehrer lehrten: Als Rabbi Elieser krank wurde, traten seine Schüler ein, um ihn zu besuchen. Sie sagten zu ihm: ´Unser Lehrer, lehre uns die Wege [Verhaltensregeln] des Lebens, damit wir durch sie das Leben der kommenden Welt gewinnen.` Er sagte zu ihnen: ´Achtet auf die Ehre eurer Mitgelehrten, haltet eure Kinder von der [gefährlichen] Spekulation zurück und setzt sie auf die Knie der Weisen, und wenn ihr betet, bedenket vor wem ihr steht. Dadurch werdet ihr das Leben der kommenden Welt gewinnen`.“

Die Gmara setzt sich hier mit den Verhaltensregeln auseinander, die den Gewinn der jenseitigen Welt bewirken. Die meisten Verhaltensregeln bedürfen keiner ausführlichen Erklärung, da sie ohne weiteres verständlich sind. Lediglich die Anweisung, seine Kinder von dem „Spekulieren“ fernzuhalten, bedarf einer kurzen Anmerkung. Hiermit wird keineswegs das logische Denken abgelehnt und die Notwendigkeit eines „blinden“ Glaubens postuliert. Im Gegenteil, wie die zuvor erörterten Suggiot gezeigt haben, muss der Talmud ohne intensives Studium, geistige „Schwerstarbeit“ und logisches Denken unverständlich bleiben. Die Gmara warnt hier vielmehr vor der Gefahr des Spekulierens, die den Glauben an Gott und die Befolgung der Mizwot ausschließt und damit zum geistigen Selbstzweck ohne realen Bezug zum Leben wird. RaSCH“I bringt im Zusammenhang mit der Warnung vor der Spekulation einen anderen Aspekt ins Spiel. Er weist darauf hin, dass man sich in der Unterweisung von Kindern nicht auf die oberflächigen, narrativen Strukturen von Geschichten konzentrieren soll. Stattdessen soll man bei den Kindern die Entwicklung des logischen Denkens fördern, sie auf die schwierigen Stellen aufmerksam machen und sie dabei unterstützen, diese zu erschließen.

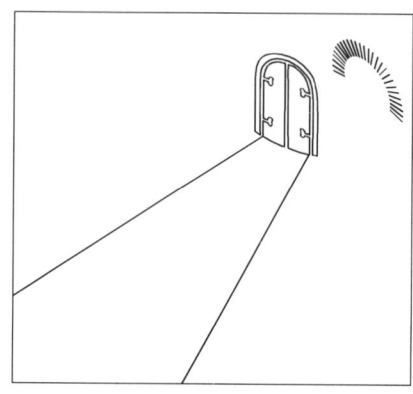

(2.) „Und als Rabbi Jochanan ben Sakai krank wurde, traten seine Schüler ein, um ihn zu besuchen. Als er sie sah, begann er zu weinen. Es sagten seine Schüler zu ihm: 'Leuchte Israels, rechte Standsäule, starker Hammer, warum weinst du?' Er antwortete ihnen: 'Wenn man mich vor einen König aus Fleisch und Blut führen würde, der heute hier und morgen im Grabe ist, wenn er sich über mich erzürnt, ist es kein ewiger Zorn, wenn er mich gefangen nimmt, ist diese Gefangennahme nicht für ewig, wenn er mich tötet, ist es kein ewiges Töten, und den ich mit Worten besänftigen und mit Geld bestechen kann, würde ich trotzdem weinen. Und jetzt, da man mich vor den König der Könige, den Heiligen, gesegnet sei er, führt, der in der Ewigkeit der Ewigkeiten lebt und besteht, und wenn er sich über mich erzürnt, dann ist es ein ewiger Zorn, wenn er mich gefangen nimmt, dann ist es eine ewige Gefangennahme, wenn er mich tötet, ist es ein ewiges Töten, den ich mit Worten nicht besänftigen und nicht mit Geld bestechen kann, und damit nicht genug, sondern vor mir noch zwei Wege sind, einer zum Paradies und einer zum Hölle, und ich nicht weiß, welchen man mich führen wird, sollte ich da nicht weinen'?"

Rabbi Jochanan ben Sakkai, der Gründungsvater von Javne, dem ersten Lehrhaus nach der Zerstörung Jerusalems, ist krank geworden. Es entsteht eine ähnliche Situation, wie sie uns schon bei Rabbi Elieser begegnet ist. Wieder kommen die Schüler, um den Kranken zu besuchen. In diesem Gespräch geht es jedoch weniger um den Lohn in der jenseitigen Welt. Am Ende seines Lebens rückt für den Sterbenden die Prüfung vor Gott in den Mittelpunkt. Wenn man schon vor der Begegnung mit einem irdischen König

Angst hat, um wie viel mehr sollte man vor dem himmlischen König Angst haben! In dieser Situation kann man nur noch auf die Gnade Gottes hoffen.

(3.) „Sie sagten zu ihm: ´Unser Lehrer, segne uns`! Er sagte: ´Möge es der Wille [Gottes] sein, dass eure Furcht vor dem Himmel in euch so sei, wie die Furcht vor [einem Menschen] aus Fleisch und Blut.` Es sprachen seine Schüler: ´[Nur] bis hierher [und nicht mehr]?` Er sagte zu ihnen: ´Gäbe es Gott, dass dem so wäre! Wisset, wenn der Mensch eine Sünde begeht, spricht er: ´Dass mich [bloß] kein Mensch sehe`.“

Rabbi Elieser hatte seinen Schülern, die an seinem Krankenbett standen, den Rat mitgegeben: „Bedenket vor wem ihr steht.“ Auch Rabbi Jochanan ben Sakkai versucht, diese Botschaft seinen Schülern weiterzugeben, wählt aber dazu eine etwas andere Form. Ihm würde es schon reichen, wenn die Furcht vor Gott genauso groß wäre wie die Furcht vor dem Menschen. Denn wenn der Mensch eine Sünde begeht, hat er in der Regel eher Angst davor, dass ihn ein anderer Mensch dabei beobachtet, als dass er die Konsequenzen seiner Sünde bei dem allwissenden Gott fürchtet.

(4.) „In der Stunde seines Dahinscheidens sagte er zu ihnen: ´Räumt die [Haus-]Geräte fort, wegen der Verunreinigung [durch den Toten], und richtet her den Thronstuhl für Chiskijahu, den König Jehudas, der da kommt`.“

Dieser Abschnitt zeigt das beispielhafte Verhalten von Rabbi Jochanan ben Sakkai, der noch im Angesicht seines Todes sich gegenüber den Lebenden rücksichtsvoll verhält, indem er darauf hinweist, dass sein toter Körper die Hausgeräte verunreinigen wird. Im gleichen Atemzug richtet er seinen Blick auf das Jenseits und bereitet sich auf die Begegnung mit Chiskijahu vor.

Schulchan Aruch

Rabbi Josef Karo (יוסף קארו) (1488 –1575) wurde in Spanien geboren und wanderte nach der Vertreibung der spanischen Juden
nach Israel aus und lebte in Sfat, wo er „Rosch Bet Din"
(ראש בית דין) wurde. Schulchan Aruch (שולחן ערוך) ist sein
Hauptwerk, das er in Sfat schrieb.

Karo unternimmt darin den Versuch (ähnlich wie Rambam in
Mischne Tora und Rabbi Jakow ben Harosch in Arba Turim im
14. Jh.), alle Halachot (הלכות) zu thematisieren und zentral zu
erfassen. In Systematik und Struktur ähnelt Schulchan Aruch dem
Arba Turim von Rabbi Jakow ben Harosch, aber der Sprachstil
und Ausdruck gleichen eher Rambams Mischne Tora.

Ausgangspunkt zu seinem Werk war „Beit Josef" (בית יוסף), der
zunächst als Kommentar zu Arba Turim (ארבעה טורים) gedacht
war. Nach der Fertigstellung entwickelte Karo es weiter zu einem vollständigen Werk, dem Schulchan Aruch, der sich durch
kurze und prägnante Erläuterungen auszeichnet. Der Schulchan
Aruch besteht aus 4 Teilen, die sich jeweils den gleichen Themen
zuwenden wie die analogen Teile des Arba Turim. Als Quellen
lagen babylonischer Talmud, palästinischer Talmud, Tosefta,
halachische Midraschim so wie Responsen und Dezisionen zu
Grunde. Diese wurden gründlich erläutert und dann eine Schlussfolgerung gezogen, die zur verbindlichen Halacha wurde. Jeder
der 4 Teile des Schulchan Aruch ist weiter unterteilt in Gruppen
von Halachot, die sich jeweils einem Teilbereich der Themen des
Bandes widmen (z.B. Hilchot Sukka).   Jeder dieser
Themenbereiche ist unterteilt in durch Buchstaben fortlaufend
nummerierte Simanim (סימנים), auf deren Inhalt durch eine
Überschrift hingewiesen wird. Diese wiederum sind in mehrere,
ebenfalls durch Buchstaben nummerierte thematisch geordnete
Paragrafen (Se`ifim- סעיפים) unterteilt.

Die 4 Teile des Schuchan Aruch

Inhalt	Name in Umschrift	Hebräischer Name	Buch
Gesetze für den Alltag, analog zum Tagesablauf angeordnet, wie z.B. Halachot für Liturgie, Schabbat und Feiertage	Orach Chajim	אורח חיים	1
Schächtvorschriften, Speisegesetze, rituelle Reinigung	Jore Dea	יורה דעה	2
Scheidungsrecht, Eherecht	Even ha-Ezer	אבן העזר	3
Handelsrecht, Schadensrecht, Zeugen	Choschen Mischpat	חושן משפט	4

Auszug aus dem Schulchan Aruch

156

Mischne Tora

Das Werk Mischne Tora (משנה תורה) wurde von Rabenu Mosche ben Maimon (kurz: Rambam רמב"ם 1135–1204) verfasst. In diesem Standardwerk systematisierte und kodifizierte der Autor die Gebote und Gesetze der Tora. Er sammelte und vereinigte dort alle Gesetze, die sich auf die jeweiligen Themen im babylonischen Talmud und im palästinischen Talmud bezogen und die in der gaonitischen, nachtalmudischen Periode (7.– 11. Jh.) sowie von seinen zeitgenössischen Dezisoren diskutiert wurden. Rambam erwähnt hierbei weder die talmudischen Quellen oder späteren Autoren, noch legt er Begründungen für seine Ergebnisse vor. Er führt direkt fertige, endgültige Halachot ein, ohne deren intellektuelle Erarbeitung aufzuzeigen. Diese Halachot zeichnen sich durch Kürze, Klarheit und eine einfache, verständliche Struktur aus. Die Texte sind im Hebräisch der mischnäischen Periode verfasst und zeigen im gesamten Werk einen unverwechselbaren Stil. Mischne Tora besteht insgesamt aus 14 Büchern, die auch „Ha Jad ha chasaka" (היד החזקה) genannt werden. Das Wort „Jad" besteht aus den hebräischen Buchstaben Jod und Dalet und dies ist der hebräische Buchstabenwert der Zahl 14.

Die 14 Teile der Mischne Tora

Inhalt	Name in Umschrift	Hebräischer Name	Buch
Wissen: die wichtigsten Fragen des Glaubens	Mada	מדע	1
Liebe: Liturgie und tägliches Ritual	Ahawa	אהבה	2
Zeiten: Schabbat und Feste	Smanim	זמנים	3
Frauen: Ehe– und Scheidungsrecht und Sexualität	Naschim	נשים	4
Heiligkeit: Speisegesetze, Schächtung und Inzestverbot	Keduscha	קדושה	5
Enthaltsamkeitsgelübde: Eide und Schwüre	Haphla´a	הפלאה	6
Saaten: Aussaat, Landwirtschaft und Abgaben	Sraim	זרעים	7
Tempeldienst: das Tempelritual und die dazugehörigen Gegenstände	Awodah	עבודה	8
Opfer: Pessachopfer und andere Opfer	Korbanot	קורבנות	9
Reinheit: Rituelles Tauchbad und rituelle Reinheit	Tahara	טהרה	10
Schäden: Schadensersatz, Schmerzensgeld	Nezikin	נזיקין	11
Kauf: Handel und Wirtschaftsrecht	Kinjan	קנין	12
Gesetze: Kredit- und Mietwesen	Mischpatim	משפטים	13
Richter: Zeugen, Prozessbestimmungen	Schoftim	שופטים	14

הלכות סוכה

פרק רביעי

א שיעור הסוכה גובהה אין פחות מעשרה טפחים ולא יתר על עשרים אמה. ורחבה אין פחות [משבעה] טפחים על שבעה טפחים. ויש לו להוסיף ברחבה אפילו כמה מילין. היתה פחותה מעשרה אמה על משבעה על שבעה או גבוהה מעשרים אמה כל שהוא הרי זו פסולה: **ב** סוכה שאין לה שלש דפנות פסולה. היו לה שתי דפנות גמורות זו בצד זו כמין ג’’ם [ג] עושה דופן שיש ברחבו יתר על טפח ומעמידו בפחות משלשה סמוך לאחד משתי הדפנות ודי. וצריך לעשות לה צורת פתח מפני שאין לה שלש דפנות גמורות. וכבר בארנו בהלכות שבת שצורת פתח האמור בכל מקום אפילו קנה מכאן וקנה מכאן [ד] וקנה על גביהן אע’’פ שאינן מגיעין זו לזו. היו לה שתי דפנות זו כנגד זו וביניהן מפולש. עושה דופן שיש ברחבו ארבעה טפחים ומשהו ומעמידו בפחות משלשה סמוך לאחת משתי הדפנות וכשרה. [ה] וצריך לעשות לה צורת פתח. קנים היוצאים [ו] מסכך הסוכה לפני הסוכה. ודופן אחת נמשכת עמהן הרי הן כסוכה: **ג** דפנות ששוו דבוקות בגג הסוכה ולא היו מגיעות לארץ אם היו מגיעות לארץ בתוך שלשה טפחים פחות מיכן כשרה. היו הדפנות דבוקות לארץ ולא היו מגיעות לסכך אם היו גבוהות עשרה טפחים אף על פי שהן רחוקין מן הגג כמה אמות כשרה ובלבד שיהיו הדפנות מכוונות תחת שפת הגג. הרחיק את הגג מן הדופן שלשה טפחים פסולה פחות מיכן כשרה. **ד** תלה מחיצה שגבוהה ארבעה ומשהו באמצע בפחות משלשה סמוך לארץ ובפחות:

לחם משנה   הגהות מיימוניות   מגדל עז

Das hebräische Alphabet

Name	Druck-schrift	Schreib-schrift	Rashi	Stam	Klang	Zahlenwert
Alef	א	/c	ה	א	A	1
Bet	ב				B	2
(Vet)	ב	כ	ב	ב	W	
Gimmel	ג	ג	ג	ג	G	3
Dalet	ד	ך	ז	ד	D	4
He	ה	ה	ה	ה	H	5
Vav	ו	/	ו	ו	W	6
Sajin	ז	ך	ן	ז	S	7
Chet	ח	ה	ח	ח	CH	8
Tet	ט	6	ע	ט	T	9
Jod	י	'	'	'	J	10
Kaf	כ				K	20
(Chaf)	כ	כ	כ	כ	CH	
Kaf sofit	ך	ך	ך	ך	CH	
Lamed	ל	ך	ל	ל	L	30
Mem	מ	N	מ	מ	M	40
Mem sofit	ם	ם	ס	ם	M	
Nun	נ	ט	נ	נ	N	50
Nun sofit	ן	ן	ן	ן	N	
Samech	ס	ס	ס	ס	S	60
Ajin	ע	४	ע	ע	A	70
Pe	פ				P	80
(Fe)	פ	ə	פ	פ	F	
Pe sofit	ף	ף	ף	ף	F	
Zadi	צ	3	צ	צ	Z	90
Zadi sofit	ץ	ף	ך	ץ	Z	
Kof	ק	ק	ק	ק	Q	100
Resch	ר	ר	ר	ר	R	200
Schin	ש	ℓ	ש	ש	SCH	300
Ssin	ש				S	
Tav	ת	ת	ת	ת	T	400

160

Vokale

dt.		Zeichen	hebr.
a	wie a in Bach	ַ	פַּתָח
a	kurzes a, unbetont	ֲ	חֲטַף פַּתָח
a	langes a wie Aal	ָ	קָמֵץ גָּדוֹל
e	kurzes e wie in Kern	ֶ	סֶגּוֹל
e	langes e wie Lehrer	ֵ	צֵירֵה
e	kurzes e, unbetont	ֱ	חֲטַף סֶגּוֹל
(e)	wird nicht transkribiert, fast lautloses, kurzes e	ְ	שְׁוָא
i		יִ	חִירִיק
o		וֹ	חוֹלָם
o	kurzes o	ָ	קָמֵץ קָטָן
o	kurzes o, unbetont	ֳ	חֲטַף קָמֵץ
u		וּ	שׁוּרוּק
u		ֻ	קָבּוּץ

Die 24 heiligen Bücher der Bibel (Tanach ,תנ"ך)

Pentateuch	Tora	תורה	Zahl der Bücher
Genesis	Bereschit	בראשית	1
Exodus	Schemot	שמות	2
Leviticus	Wajikra	ויקרא	3
Numeri	Bamidbar	במדבר	4
Deuteronomium	Dewarim	דברים	5

Propheten	Neviim	נביאים	Zahl der Bücher
Josua	Jehoschua	יהושע	6
Richter	Schoftim	שופטים	7
Samuel I	Schemuel 1	שמואל א'	a8
Samuel II	Schemuel 2	שמואל ב'	8b
Könige I	Melachim 1	מלכים א'	9a
Könige II	Melachim 2	מלכים ב'	9b
Jesaja	Jeshaja	ישעיה	10
Jeremia	Jirmia	ירמיה	11
Ezechiel	Jecheskel	יחזקאל	12
Hosea	Hoschea	הושע	13a
Joel	Joel	יואל	13b
Amos	Amos	עמוס	13c
Obadja	Owadija	עובדיה	13d
Jona	Jona	יונה	13e
Micha	Micha	מיכה	13f
Nahum	Nachum	נחום	13g
Habakuk	Chawakuk	חבקוק	13h
Zephanja	Zefanja	צפניה	13i
Haggai	Chaggai	חגי	13j
Sacharja	Secharia	זכריה	13k
Maleachi	Maleachi	מלאכי	13l

Schriften	Ketuvim	כתובים	Zahl der Bücher
Psalmen	Tehilim	תהילים	14
Sprüche	Mischlei	משלי	15
Hiob	Ijov	איוב	16
Hoheslied	Schir haSchi-rim	שיר השירים	17
Ruth	Rut	רות	18
Klagelieder	Eicha	איכה	19
Prediger	Kohelet	קהלת	20
Esther	Ester	אסתר	21
Daniel	Daniel	דניאל	22
Esra	Esra	עזרא	23a
Nehemia	Nechemia	נחמיה	23b
Chronik I	Diwrei HaJa-mim 1	דברי הימים א'	24a
Chronik II	Diwrei HaJa-mim 2	דברי הימים ב'	24b

Glossar

	א
Awui אבוי, aramäischer Namensteil, bedeutet: Vater	אבוי
Awot אבות , wörtlich: Väter, auch Name eines Talmudtraktats	אבות
Abaje אביי, einer der Amoräer	אביי
Ewen ha-Eser אבן העזר, einer der vier Teile des Schulchan Aruch	אבן העזר
Aggadah אגדה, Gattung der rabbinischen Literatur, die Bibel homiletisch erklärt	אגדה
Ahawa אהבה, Liebe, eines der Bücher von Mischne Tora	אהבה
Ohalot אוהלות, wörtlich: Zelte, auch Name eines Mishnatraktats	אוהלות
Orach Chajim אורח חיים, einer der vier Teile des Schulchan Aruch	אורח חיים
Uscha אושא, Ort in Israel	אושא
Hiob איוב, Buch der Bibel	איוב
Eicha איכה, Buch der Bibel	איכה
Eitivei איתיבי, aramäische Bezeichnung für einen Widerspruch	איתיבי
Amora/im אמורא /ים, Amoräer	אמורא /ים
Amar אמר, bezeichnet amoräisches Zitat	אמר
Amrinan אמרינן, aramäisch, bezeichnet amoräisches Zitat	אמרינן
Amar Kra אמר קרא, aramäisch, Hinweis auf Zitat aus der Bibel	אמר קרא
Ester אסתר, Buch der Bibel	אסתר
Arba Turim ארבע טורים, die vier Teile des Schulchan Aruch	ארבע טורים
Aramit ארמית, Aramäisch	ארמית
Aramit Bavlit ארמית בבלית, babylonisches Aramäisch	ארמית בבלית
Aschi אשי, einer der Amoräer	אשי

ב	
Baba Batra בבא בתרא, wörtlich: letzte Pforte, auch Name eines Talmudtraktats	בבא בתרא
Baba Mezia בבא מציעא, wörtlich: mittlere Pforte, auch Name eines Talmudtraktats	בבא מציעא
Baba Kama בבא קמא, wörtlich: erste Pforte, auch Name eines Talmudtraktats	בבא קמא
Be`iza ביצה , wörtlich: Ei, auch Name eines Talmudtraktats	ביצה
Beit HaWaad בית הועד , Treffpunkt für Gelehrte	בית הועד
Beit Josef בית יוסף, Haus von Josef Karo, Ausgangspunkt für den Schulchan Aruch	בית יוסף
Bechorot בכורות, wörtlich: Erstgeburten, auch Name eines Talmudtraktats	בכורות
Bikurim בכורים, wörtlich: Erstlingsfrüchte, auch Name eines Mishnatraktats	בכורים
Ben בן, Sohn, hebräischer Namensteil	בן
Bnei Brak בני ברק, Ort in Israel	בני ברק
Bamidbar במדבר, Buch der Bibel	במדבר
Bar בר/י, aramäischer Namensteil, Sohn des…..	בר/י
Bereschit בראשית, Buch der Bibel	בראשית
Berabbi ברבי, aramäischer Namensteil, Sohn des Rabbi	ברבי
Baraijta, Baraijtot ברייתא /ות, nicht in der Mischna des Rabbi Jehuda kompilierte Mischnajot	ברייתא /ות
Brachot ברכות, wörtlich: Segenssprüche, auch Name eines Talmudtraktats	ברכות
Batei (Beit) Midrasch (בית) בתי מדרש, Lehrhäuser	בתי מדרש
ג	
Gaon (im) גאון /ים, Gelehrte der gaonäischen Periode	גאון /ים
Gittin גיטין, wörtlich: Scheidebriefe, auch Name eines Talmudtraktats	גיטין
Gilion HaSchas גליון הש"ס, Anmerkungsapparat im	גליון הש"ס

Talmud	
Gmara גמרא, Teil des Talmud	גמרא
Girsaei גרסאי, Person, die Texte auswendig wiederholt	גרסאי

ד

De ד, aramäisch: aus, von	ד
Diwrei HaJamim 1 א' דברי הימים, Buch der Bibel	דברי הימים א'
Diwrei HaJamim 2 ב' דברי הימים, Buch der Bibel	דברי הימים ב'
Devarim דברים, Buch der Bibel	דברים
Dwasch דבש, hebräisch: Honig	דבש
Diuk דיוק, Methodik des klassischen Talmudstudiums	דיוק
Daika Nami דיקא נמי, aramäisch für eine Art der talmudischen Beweisführung	דיקא נמי
Diawad דיעבד, technische Bezeichnung im Talmud für Handlungsabläufe	דיעבד
Dmai דמאי,wörtlich: Zweifelhaftes, auch Name eines Traktates des palästinischen Talmud	דמאי
Daniel דניאל, Buch der Bibel	דניאל
Daf דף, hebräisch: Blatt	דף
Dektani דקתני, aramäisch: Methodik der Beweisführung	דקתני

ה

Hagahot ha-Ba"CH, הגהות הב"ח Talmudkommentar	הגהות הב"ח
Hagahot ha-Gr"A, הגהות הגר"א Talmudkommentar	הגהות הגר"א
Hegemon הגמון, Stammesfürst, regionale Autorität	הגמון
Huzal הוצל, Ort in Babylon	הוצל
Horajot הוריות, wörtlich: Lehren, Entscheidungen, auch Name eines Talmudtrakts	הוריות
Hoschea הושע, Buch der Bibel	הושע
HaJad HaChasaka היד החזקה, Werk des Rambam, alternative Bezeichnung für Mischne Tora	היד החזקה
Hacha bemai askinan הכא במאי עסקינן, aramäisch, talmudischer Sachbegiff	הכא במאי עסקינן

Hachi Kamar הכי קאמר, aramäische Bezeichnung für eine talmudische Schlußfolgerung	הכי קאמר
Halacha הלכה , Tradition oder Regel aus Bibel oder Talmud abgeleitet	הלכה
Halacha Cebatrai הלכה כבתראי, letzte und maßgebliche Meinung einer talmudischen Diskussion	הלכה כבתראי
Halachot (Hilchot) הַ./ הַלכות, thematisch zusammengefasste Gruppe von Halachot; siehe Halacha	הלכות
Hilchot ha-RO''SCH הלכות הרא''ש, Sammlung von Halachot	הַלכות הרא''ש
Hilchot ha-Rif הלכות הרי''ף, Sammlung von Halachot	הַלכות הרי''ף
Hilchot ha-Ra''N הלכות הר''ן, Sammlung von Halachot	הַלכות הר''ן
Hamozi mechawero alav hareaja המוציא מחברו עליו הראיה, talmudischer Entscheidungsgrundsatz	המוציא מחברו עליו הראיה
Haphla´a הפלאה, Enthaltsamkeitsgelübde, eines der Bücher von Mischne Tora	הפלאה

ו	
Wajjikra ויקרא, Buch der Bibel	ויקרא

ז	
Svachim זבחים, wörtlich: Schlachtopfer, auch Name eines Talmudtraktats	זבחים
Savim זבים, wörtlich: die Ausflussbehafteten, auch Name eines Mishnatraktats	זבים
Secharia זכריה, Buch der Bibel	זכריה
Smanim זמנים, Zeiten, eines der Bücher von Mischne Tora	זמנים
Sman Nakat זמן נק''ט, Abkürzung für die Namen der Mischnaordnungen	זמן נק''ט
Sraim זרעים, Saaten, Ordnung des Talmud und eines	זרעים

der Bücher von Mischne Tora	
ח	
Chavit חבית, Fass	חבית
Chawakuk חבקוק, Buch der Bibel	חבקוק
Chaggai חגי, Buch der Bibel	חגי
Chagigah חגיגה, Festfeier, Name eines Talmudtraktats	חגיגה
Chiduschei Ha-RASCH"SCH, חדושי הרש"ש, Talmudkommentar	חדושי הרש"ש
Chulin חולין, wörtlich: Profanes, auch Name eines Talmudtraktats	חולין
Choschen Mischpat חושן משפט, einer der vier Teile des Schulchan Aruch	חושן משפט
Chaifa חיפה, Stadt in Israel (Haifa)	חיפה
Challa חלה, wörtlich: Teigabgabe, auch Name eines palästinischen Talmudtraktats	חלה
Chelek חלק, Teil	חלק
Chassid חסיד, Frommer	חסיד
ט	
Tvul Jom טבול יום, wörtlich: am selben Tag Untergetauchter, auch Name eines Mishnatraktats	טבול יום
Tiveria טבריה, Tiberias, Ort in Israel	טבריה
Tahara טהרה, wörtlich: Reinheit, eines der Bücher von Mischne Tora	טהרה
Taharot טהרות, wörtlich: Reinheiten, Name eines Mishnatraktats und einer Ordnung	טהרות
י	
Jewamot יבמות, Schwagerehe, Name eines Talmudtraktats	יבמות
Javne יבנה, Ort in Israel	יבנה
Jadajim ידיים, wörtlich: Hände, auch Name eines Mishnatraktats	ידיים

Jed´u ידעו, ihr werdet wissen	ידעו
Jehoschua יהושע, Josua, Buch der Bibel	יהושע
Joel יואל, Buch der Bibel	יואל
Jona יונה, Buch der Bibel	יונה
Joma יומא, wörtlich: Tag, gemeint ist Jom Kipur; Name eines Talmudtraktats	יומא
Jom Tov Lipmann Heller יום-טוב ליפמן הלר, Autor eines Mischnakommentars	יום-טוב ליפמן הלר
Josef Karo יוסף קארו, Autor des Schulchan Aruch	יוסף קארו
Jore Dea יורה דעה, einer der vier Teile des Schulchan Aruch	יורה דעה
Jecheskel יחזקל, Ezechiel, Buch der Bibel	יחזקל
Jeruschalajim ירושלים, Jerusalem	ירושלים
Jirmia ירמיה, Jeremia, Buch der Bibel	ירמיה
Jeschiwa/Jeschiwot ישיבה /ות, Lehrhaus	ישיבה /ות
Jeschaja ישעיה, Buch der Bibel	ישעיה

כ

(be)Kad(o) כד (ו) (ב), (mit seinem) Krug	כד
Kilaim כלאים, Vermischtes, Name eines Traktats des palästinischen Talmud	כלאים
Kelim כלים, Gefäße, auch Name eines Mischnatraktats	כלים
Kafri כפרי, Ort in Babylon	כפרי
Kritut כרתות, Ausrottungen, Name eines Talmudtraktats	כרתות
Ktubot כתובות, Eheverträge, Name eines Talmudtraktats	כתובות
Ketuvim כתובים, Schriften, Teil der Bibel	כתובים
Ktiv כתיב, aramäisch, weist auf eine biblische Quelle hin	כתיב

ל

Lo schanu ela לא שנו אלא, aramäisch-hebräisch, Begriff für Einschränkung eines Sachverhalts	לא שנו אלא
Lod לוד, Ort in Israel	לוד

Lechatchila לכתחילה, hebräisch: am Anfang, technischer Talmudbegriff	לכתחילה

מ

Mai ka maschma lan מאי קא משמע לן, was lehrt dies uns	מאי קא משמע לן
Megilla מגילה, Rolle, auch Name eines Talmudtraktats	מגילה
Mada מדע, Wissen, eines der Bücher von Mischne Tora	מדע
Midrasch(ei) Aggadah מדרש/י אגדה, aggadische Midraschim	מדרש/י אגדה
Midrasch(ei) Halacha מדרש/י הלכה halachische Midraschim	מדרש/י הלכה
Ma ha-Rscha מהרש"א, Abkürzung für Rabbi Schmuel Elieser Edels	מהרש"א
Maha-Ram מהר"ם, Abkürzung für Rabbi Meir aus Lublin	מהר"ם
Maha-Rschal מהרש"ל, Abkürzung für Rabbi Shlomo Luria	מהרש"ל
Moed מועד, Festzeit, Name einer Ordnung des Talmud	מועד
Moed katan מועד קטן, Halbfeiertag, auch Name eines Talmudtraktats	מועד קטן
Mechosa מחוזא, Ort in Babylon	מחוזא
Midot מידות, Maße, auch Name eines Mischnatraktats	מידות
Micha מיכה, Buch der Bibel	מיכה
Metivei מיתיבי, aramäisch: Widerspruch	מיתיבי
Makot מכות, Schläge, auch Name eines Talmudtraktats	מכות
Machschirin מכשירין, Empfänglichkeit zur Unreinheit, Name eines Mischnatraktats	מכשירין
Malachi מלאכי, Buch der Bibel	מלאכי
Melachim alef מלכים א', Könige 1, Buch der Bibel	מלכים א'
Melachim bet מלכים ב', Könige 2, Buch der Bibel	מלכים ב'
Minhag(im) מנהג /ים, Brauch	מנהג /ים

Menachot מנחות, Speiseopfer, auch Name eines Talmudtraktats	מנחות
Masoret מסורת, Tradition	מסורת
Massoret ha- Scha"S מסורת הש"ס Talmudkommentar	מסורת הש"ס
Massechet/Massechtot מסכת /ות, Traktat	מסכת /ות
Mistabra מסתברא, aramäisch, logischer Rückschluss ohne Quellenangabe	מסתברא
Me`ila מעילה, Veruntreuung, Talmudtraktat	מעילה
Maasrot מעשרות, Zehnte, Traktat des palästinischen Talmud	מעשרות
Maaser scheni מעשר שני, zweiter Zehnter (Abgabe des...), Traktat des palästinischen Talmud	מעשר שני
Mikwaot מקוות, Tauchbäder, auch Name eines Mischnatraktats	מקוות
Mischlei משלי, Buch der Bibel	משלי
Mischna(jot) משנה /יות, von Rabbi Jehuda ha Nassi kompilierte Sammlung der mündlichen Überlieferung	משנה /יות
Mischne Tora משנה תורה, Torakommentar von Maimonides	משנה תורה
Mischpatim משפטים , Gesetze, eines der Bücher von Mischne Tora	משפטים
Metivta/Metivtot מתיבתא /ות, Lehrhäuser	מתיבתא /ות
Matnitin, Matnita (Abkürz: Matni) (מתני') (מתניתא) מתניתין, aramäische Bezeichnung für Mischna	מתניתא מתניתין

נ

Newiim נביאים, Propheten, 2.Teil der Bibel	נביאים
Negaim נגעים , Plagen, auch Name eines Mischnatraktats	נגעים
Nedarim נדרים, Gelübde, auch Name eines Talmudtraktats	נדרים
Nehardea נהרדעא, Ort in Babylon	נהרדעא
Nezikin נזיקין, Schäden, Ordnung der Mischna und eines der Bücher von Mischne Tora	נזיקין
Nasir נזיר, Mann der das Nasiräergelübde zur Reinheit abgelegt hat, auch Name eines	נזיר

Talmudtraktats	
Nachum נחום, Buch der Bibel	נחום
Nechemia נחמיה, Buch der Bibel	נחמיה
Nidah נידה, Unreinheit, wörtlich: abgesondert, auch Name eines Talmudtraktats	נידה
Nimukei Josef נמוקי יוסף, Werk von Rabbi Josef Chabiba	נמוקי יוסף
Ner Mizwa נר מצוה, Verweisapparat zum Talmud von Rabbi Joschua Boaz	נר מצוה
Naschim נשים, Frauen, Ordnung des Talmud und eines der Bücher von Mischne Tora	נשים
Nitkal נתקל, gestolpert	נתקל
ס	
Savar סבר, logischer Rückschluss	סבר
Sugija, Sugijot סוגיא/ות, thematischer Komplex im Talmud	סוגיא /ות
Sota סוטה,Ehebruchverdächtige, auch Name eines Talmudtraktats	סוטה
Sukka/Sukkot סוכה/ות, wörtlich: Hütte(n), auch Laubhüttenfest und Name eines Talmudtraktats	סוכה/ות
Sura סורא, Ort in Babylon	סורא
Simanim סימנים, wörtlich: Zeichen, Bezeichnung für einen Unterabschnitt im Schulchan Aruch	סימנים
S´chach סכך, Dach einer Sukka	סכך
Sachnin סכנין, Ort in Israel	סכנין
Sanhedrin סנהדרין, Gerichtshof, auch Name eines Talmudtraktats	סנהדרין
Se´ifim סעיפים, Paragrafen	סעיפים
Safek le Chumra ספק לחומרה, im Zweifelsfall die strengere Entscheidung	ספק לחומרה
ע	
Awoda עבודה, Dienst, eines der Bücher von Mischne Tora	עבודה
Awoda Sara עבודה זרה, Götzendienst, auch Name	עבודה זרה

eines Talmudtraktats	
Edujot עדויות, Zeugnisse, Zeugenaussagen, auch Name eines Talmudtraktats	עדויות
Amud alef (ע"א) עמוד א', Seite 1	עמוד א'
Amud bet (ע"ב) עמוד ב', Seite 2	עמוד ב'
Owadija עובדיה, Buch der Bibel	עובדיה
Owadija mi Bartenura עובדיה מברטנורא (ר"ע-רבי עובדיה), Mischnakommentator	עובדיה מברטנורא
Olam haba עולם הבא, die kommende Welt; Begriff für postmessianische Zeit	עולם הבא
Ukzin עוקצין, Stiele, auch Name eines Mischnatraktats	עוקצין
Orla עורלה, Ungeweihtes, Name eines Mischnatraktats	עורלה
Esra עזרא, Buch der Bibel	עזרא
Ein Mischpat עין משפט, Verweisapparat zum Talmud von Rabbi Joschua Boaz	עין משפט
Ikar Tossfot Jom Tov(עיקר תוספות יום טוב (עיקר תוי"ט, Mischnakommentar	עיקר תוספות יום טוב
Eruwin עירובין, wörtlich: Vermischungen, erweiterte Schabbatgrenzen, Name eines Talmudtraktats	עירובין
Akko עכו, Ort in Israel	עכו
Amud עמוד, Seite	עמוד
Amos עמוס, Buch der Bibel	עמוס
Arachin ערכין, Schätzungen, Name eines Talmudtraktats	ערכין
פ	
Peah פאה, wörtlich: Ecke, auch Name eines Mischnatraktats	פאה
Pumbedita פומבדיתא, Ort in Babylon	פומבדיתא
Pum Nahara פום נהרא, Ort in Babylon	פום נהרא
Psachim פסחים, Pessachopfer, auch Name eines Talmudtraktats	פסחים
Papunia פפוניא, Ort in Babylon	פפוניא
Perusch haMischnajot laRambam	פרוש

פרוש המשניות לרמב"ם, Mischnakommentar von Maimonides	המשניות לרמב"ם
Para פרה, Kuh, auch Name eines Mischnatraktats	פרה
Perek/prakim פרק /ים, Kapitel	פרק /ים
Perek alef (Perek rischon) (פרק ראשון) פרק א, Kapitel 1	פרק א
Pschita פשיטא, aramäisch: einfach	פשיטא

צ	
Zur צור, Ort inIsrael	צור
Zippori , צפורי Ort in Israel	צפורי
Zefania צפניה, Buch der Bibel	צפניה
Zefat צפת, Ort in Israel	צפת
Zarich lihijot, צריך להיות	צריך להיות
Zarich lomar (צ"ל) , צריך לומר, wörtlich: es müsste sein (heißen), Hinweis auf alternative Lesart	צריך לומר

ק	
Keduscha קדושה, Heiligkeit, eines der Bücher von Mischne Tora	קדושה
Kohelet קהלת, Buch der Bibel	קהלת
Kodaschim קודשים, Heiliges, eine Ordnung des Talmud	קודשים
Korbanot קורבנות, Opfer, eines der Bücher von Mischne Tora	קורבנות
Kiduschin קידושין, Eheschließungen, auch Name eines Talmudtraktats	קידושין
Kinim קינים, Vogelnester, auch Name eines Mischnatraktats	קינים
Kisrin (קיסרי) קיסרין, Ort in Israel	קיסרין
Kinjan קנין, Kauf, eines der Bücher von Mischne Tora	קנין
Kizur Piskei haRoSch קצור פסקי הרא"ש, Sammlung halachischer Entscheide	קצור פסקי הרא"ש
Kra קרא, aramäische Bezeichnung für Quelle aus der Bibel	קרא

Kaschia קשיא, Widerspruch	קשיא

ר

Rosch Bet Din ראש בית דין, Vorsitzender eines Rabbinatsgerichts	ראש בית דין
Rosch ha-Schana ראש השנה, Neujahrsfest, auch Name eines Talmudtraktats	ראש השנה
Raw, Rabbi רב/י, wörtlich: Meister, Rabbiner	רב/י
Rawa רבא, Name eines Amoräers	רבא
Rabbi Jehuda ha-Nassi (רבי) רבי יהודה הנשיא, Kompilator der Mischna	רבי יהודה הנשיא
Rabbenu Chananel רבנו חננאל, Talmudkommentator	רבנו חננאל
Rut רות, Buch der Bibel	רות
Rambam רמב"ם, Abkürzung für Rabi Mosche ben Maimon (Maimonides)	רמב"ם
Raminhu רמינהו, aramäisch:Widerspruch	רמינהו
RaSchba"m רש"בם, Rabbi Schmuel ben Meir, Talmudkommentator	רש"בם
Raschi (רבי שלמה בן יצחק) רש"י, Raschi, Kurzform von Rabbi Schlomo ben Jizchak	רש"י

ש

Schavar שבר, zerbrochen	שבר
Schvuot שבועות, Schwüre, auch Name eines Talmudtraktats	שבועות
Schwiit שביעית, die siebte (Siebtjahr), auch Name eines Traktats des palästinischen Talmud	שביעית
Schabbat שבת, Name eines Talmudtraktats	שבת
Schulchan Aruch שולחן ערוך, halachisches Werk von Josef Karo	שולחן ערוך
Schoftim שופטים, wörtlich: Richter, Buch der Bibel und auch Buch von Mischne Tora	שופטים
Schir ha Schirim שיר השירים, Buch der Bibel	שיר השירים
Schechanziv שכנציב, Ort in Babylon	שכנציב
Schilhei שלהי, Ort in Babylon	שלהי
Scham שם, dort	שם

Schmuel alef א' שמואל, Buch der Bibel	שמואל א'
Schmuel bet ב' שמואל, Buch der Bibel	שמואל ב'
Schemot שמות, Buch der Bibel	שמות
Schana שנה, sagen, memorisieren	שנה
Schkalim שקלים, Tempelsteuer, Name eines Talmudtraktats	שקלים
Schischa Sdarim (ש"ס) ששה סדרים, sechs Ordnungen; bezieht sich auf die Mischna	ששה סדרים

ת

Teda תדע, Beweisführung mittels nichtbiblischer Quellen	תדע
Tehilim תהילים, Buch der Bibel	תהילים
Tossafot תוספות, wörtlich: Zusätze, Kommentare zum Talmud	תוספות
Tosefta תוספתא, aramäisch: Zusatz	תוספתא
Tora תורה, wörtlich: Lehre, die ersten 5 Bücher der Bibel	תורה
Tora Or תורה אור, Verweisapparat zum Talmud	תורה אור
Tora sche bichtav תורה שבכתב, schriftliche Lehre; Bezeichnung für die Tora	תורה שבכתב
Tora sche beal pe (שבע"פ) תורה שבעל פה, mündliche Lehre; Bezeichnug für die Mischna	תורה שבעל פה
Talmud Bawli תלמוד בבלי, babylonischer Talmud	תלמוד בבלי
Talmud Jeruschalmi תלמוד ירושלמי, palästinischer Talmud	תלמוד ירושלמי
Tmura תמורה, Umtausch, auch Name eines Talmudtraktats	תמורה
Tamid תמיד, wörtlich: ewig, auch Name eines Talmudtraktats	תמיד
Tanna(im) תנא/ים, aramäisch: sagen, auch Rezitator in einer Jeschiva	תנא/ים
Tania, tnan תנא, תניא, aramäisch, weisen auf Quelle aus der Bibel hin	תניא / תנן
Tanach (Tora,Newiím, Ketuwim) תנ"ך (תורה נביאים כתובים), Kurzbezeichnung für die hebräische Bibel	תנ"ך

Taanit תענית, Fastenzeit, Name eines Talmudtraktats Trumot תרומות, Abgaben, auch Name eines Traktats des palästinischen Talmud	תענית תרומות

Abkürzungen

bT	**=**	**babylonischer Talmud**
Dtn.	**=**	**Deuteronomium**
Ex.	**=**	**Exodus**
Gen.	**=**	**Genesis**
hebr.	**=**	**Hebräisch**
Kap.	**=**	**Kapitel**
Lev.	**=**	**Leviticus**
n.d.Z.	**=**	**nach der Zeitrechnung**
Num.	**=**	**Numeri**
R.	**=**	**Rabbiner**
Raschi	**=**	**Rabbi schlomo Sohn des Jizchaks**
S.	**=**	**Seite**

Literatur

Quellen

- Torah-Library. (התקליטור התורני). Mabat, CD-Rom. D.B.S. Computers. Jerusalem, 1992-1996.
- Die Heilige Schrift. Vollständiger, hebräisch vokalisierter Text gemäss der masoretischen Überlieferung mit der neu korrigierten und revidierten Übersetzung von Leopold Zunz. Basel, 1997.
- Die Heilige Schrift ins Deutsche Übertragen von Naftali Herz Tur-Sinai. Stuttgart, 1993.
- Mischnajot. Die sechs Ordnungen der Mischna. Hebräischer Text mit Punktation, deutscher Übersetzung und Erklärung. Übersetzt und erklärt von David Hoffmann, John Cohn und Moses Auerbach. Basel, 1986.
- Schischa Sidrei Mischna. Hozaát Eschkol, Jeruschalajim, 1978 3Bde.
- Mischnajot mewoarot be jad Pinchas Kehati, Jeruschalajim, 1977 Hozaat Keter 12 Bde.
- Talmud Bavli. Mevoar, meturgam u-menukat al jedei ha-Rav Adin Steinsaltz, ha machon ha israeli lepirsumim Talmudijim. Jeruschalajim, 1990.
Talmud Bavli, Hozaat Tal Mann Ramat Gan, 1981
- Talmud Jeruschalmi. Hozaah la or we hafazah, be am, Jeruschalajim, 1970
- The Talmud. The Steinsaltz edition. Commentary by Adin Steinsaltz. 21 Bde. New York, 1989-1998.
- Der babylonische Talmud. Nach der ersten, zensurfreien Ausgabe unter Berücksichtigung der neueren Ausgaben und des handschriftlichen Materials ins Deutsche übersetzt von Lazarus Goldschmidt. 12 Bde. Sonderausgabe des Jüdischen Verlags. Frankfurt a. M., 2002.
- Mischne Tora, hu hajad ha chasaka la Rambam, hozaat Wagschal, be am, Jeruschalajim, 1990
- Schulchan Aruch ha schalem im Rabbi Akiva Iger, hozaat peer ha tora, Israel, 1961

- Mosche ben Maimon: Mischne Tora. A new translation with Commentaries and notes by Rabbi Eliyahu Touger. 27 Bde. New York, Jerusalem, 1987-89.

Wörterbücher

- Gesenius, Wilhelm: Hebräisches und Aramäisches Handwörterbuch über das Alte Testament. Unveränderter Neudruck der 1915 erschienenen 17. Auflage. Berlin u. a., 1962.
- Jastrow, Marcus: A Dictionary of the Targumim, the Talmud Babli and Yerushalmi and the Midrashic Literature. Jerusalem, o. J.
- Levy, Jacob: Neuhebräisches Wörterbuch über die Talmudim und Midraschim. 4 Bände. Leipzig, 1876-1889.

Nachschlagewerke

- Encyclopaedia Judaica. 10 Bände. Berlin, 1928-34. [Unvollständig; bis „Lyra"]
- Encyclopaedia Judaica. 17 Bände. Jerusalem, 1971- 72. [CD-Rom, Jerusalem, 1997.]
- Encyclopedia of the Jewish Religion. Hrsg. von Raphael J. Z. Werblowsky und Geoffrey Wigoder. New York, 1966.
- Encyclopaedia Talmudit le-Injanei Halacha be-Arichat ha-Raw Meir Berlin we-ha-Raw Schlomo Josef Sevin. 25 Bde. Jerusalem, 1946 ff.
- Encyclopaedia Talmudica. A digest of halachic literature and Jewish law from the tannaitic period to the present time, alphabetically arranged. Ed. by Meyer Berlin and Shlomo Josef Zevin. Jerusalem, 1969 ff.
- Jüdisches Lexikon. Ein enzyklopädisches Handbuch des jüdischen Wissens. 5 Bände. Berlin, 1927-30.
- The Jewish Encyclopedia. 12 Bände. New York, London, 1901-06. [ND: New York, 1964. Internet-Version: http://www.jewishencyclopedia.com/index.jsp].

Monographien

- Albeck, Chanoch: Einführung in die Mischna. Berlin, New York, 1971.
- Agus, Aharon, R. E.: Das Judentum in seiner Entstehung. Grundzüge rabbinisch-biblischer Religiosität. Stuttgart, Berlin, Köln, Mainz, 2001.
- Levinson, Pnina Navé: Einführung in die rabbinische Theologie. Darmstadt, 1993.
- Schechter, Solomon: Aspects of Rabbinic Theology. New York, 1975.
- Steinsaltz, Adin: Talmud für Jedermann. Übersetzung aus dem Hebräischen, Vorwort und Glossar von M. Seidler. Basel, Zürich, 1995.
- Stemberger, Günter: Einleitung in Talmud und Midrasch. München, 1992. [nur ab der 8. Aufl. verwenden!]
- Stemberger, Günter: Das klassische Judentum. Kultur und Geschichte der rabbinischen Zeit. München, 1979.
- Stemberger, Günter: Der Talmud. Einführung, Texte, Erläuterungen. München, 1987.
- Urbach, Efraim E.: The Sages. Their concepts and beliefs. Cambridge, 1994.